LOI DU 11 AVRIL 1888

CONCERNANT

LES

TRANSPORTS DE MARCHANDISES

PAR CHEMINS DE FER

RESPONSABILITÉ DES COMPAGNIES EN CAS DE RETARD, AVARIE OU PERTE

PAR

ÉMILE BERT

DOCTEUR EN DROIT

INGÉNIEUR DES ARTS ET MANUFACTURES

PROFESSEUR DE DROIT ET D'ÉCONOMIE POLITIQUE A L'ÉCOLE COMMERCIALE

(FONDÉE ET ADMINISTRÉE PAR LA CHAMBRE DE COMMERCE DE PARIS)

Reproduction de tous les documents législatifs concernant l'élaboration de cette loi: exposé des motifs, rapports des commissions, discussion à la Chambre des députés et au Sénat.

PARIS

LIBRAIRIE DU *DROIT INDUSTRIEL*

57, Rue Rivoli, 57

ET CHEZ

MM. CHEVALIER-MARESCQ et Cie   MM. BERNARD ET Cie
20, RUE SOUFLOT, 20   71, RUE LACONDAMINE 71,

LE DROIT INDUSTRIEL

REVUE MENSUELLE ET INTERNATIONALE

DE

DOCTRINE, JURISPRUDENCE ET LÉGISLATION

RÉDIGÉE PAR

M. ÉMILE BERT

Avec la collaboration de plusieurs jurisconsultes et ingénieurs

Prix de l'abonnement annuel : **16 fr.**

TRAITÉ

THÉORIQUE ET PRATIQUE

DE LA

CONCURRENCE DÉLOYALE

PAR

ÉMILE BERT

Prix : 4 fr. 50

LOI DU 4 FÉVRIER 1888

CONCERNANT LA

RÉPRESSION DES FRAUDES

DANS LE COMMERCE DES ENGRAIS

PAR

M. ÉMILE BERT

Prix : 3 fr.

Laval. — Imprimerie et stéréotypie E. JAMIN, rue de la Paix, 41.

LOI DU 11 AVRIL 1888

CONCERNANT

LES

TRANSPORTS DE MARCHANDISES

PAR CHEMINS DE FER

RESPONSABILITÉ DES COMPAGNIES EN CAS DE RETARD, AVARIE OU PERTE

LE
DROIT INDUSTRIEL

REVUE MENSUELLE ET INTERNATIONALE
DE
DOCTRINE, JURISPRUDENCE ET LÉGISLATION

PROPRIÉTÉ INDUSTRIELLE. — BREVETS D'INVENTION. — MARQUES DE FABRIQUE ET DE COMMERCE. — NOMS ET LIEUX DE FABRICATION. — MODÈLES ET DESSINS INDUSTRIELS. — CONTREFAÇON ET CONCURRENCE DÉLOYALE. — PROPRIÉTÉ ARTISTIQUE ET LITTÉRAIRE. — LOUAGE D'OUVRAGE ET D'INDUSTRIE. — ACCIDENTS. — DROITS ET RESPONSABILITÉ DES ARCHITECTES, INGÉNIEURS, ENTREPRENEURS ET INDUSTRIELS. — SOCIÉTÉS. — SYNDICATS. — ÉTABLISSEMENTS DANGEREUX, INCOMMODES ET INSALUBRES. — MARCHÉS DE TRAVAUX ET DE FOURNITURES. — CHEMINS DE FER. — INDUSTRIES. — MANUFACTURES. — MINES. — TRAVAUX PUBLICS.

RÉDIGÉE PAR

M. ÉMILE BERT

DOCTEUR EN DROIT
INGÉNIEUR DES ARTS ET MANUFACTURES
PROFESSEUR DE DROIT ET D'ÉCONOMIE POLITIQUE A L'ÉCOLE COMMERCIALE
(FONDÉE ET ADMINISTRÉE PAR LA CHAMBRE DE COMMERCE DE PARIS)
Avec la collaboration de plusieurs jurisconsultes et ingénieurs

ABONNEMENT ANNUEL : 16 FRANCS.
PRIX DE LA LIVRAISON : 2 FRANCS

PARIS

RÉDACTION ET ADMINISTRATION
57, Rue de Rivoli, 57
LIBRAIRES-ÉDITEURS

MM. CHEVALIER-MARESCQ & Cⁱᵉ   MM. BERNARD & Cⁱᵉ
20, rue Soufflot, 20   71, rue Lacondamine

LOI DU 11 AVRIL 1888

CONCERNANT

LES

TRANSPORTS DE MARCHANDISES

PAR CHEMINS DE FER

RESPONSABILITÉ DES COMPAGNIES EN CAS DE RETARD, AVARIE OU PERTE

PAR

ÉMILE BERT

DOCTEUR EN DROIT
INGÉNIEUR DES ARTS ET MANUFACTURES
PROFESSEUR DE DROIT ET D'ÉCONOMIE POLITIQUE A L'ÉCOLE COMMERCIALE
(FONDÉE ET ADMINISTRÉE PAR LA CHAMBRE DE COMMERCE DE PARIS)

PARIS

LIBRAIRIE DU *DROIT INDUSTRIEL*

57, Rue de Rivoli, 57

ET CHEZ

MM. CHEVALIER-MARESCQ et Cie
20, rue Soufflot, 20

MM. BERNARD ET Cie
71, rue Lacondamine 71,

LOI

CONCERNANT

LES TRANSPORTS DE MARCHANDISES

PAR CHEMINS DE FER

11 avril 1888.

La loi du 11 avril 1888 a abrogé les articles 105 et 108 du code de commerce qui régissaient antérieurement les rapports entre les compagnies de chemins de fer ou autres voituriers et le destinataire, et substitué un nouveau texte à l'ancien libellé de ces articles. Cette loi est ainsi conçue :

Article 1er. — Les articles 105 et 108 du code de commerce sont remplacés par les articles suivants :

Article 105. — La réception des objets transportés et le paiement du prix de la voiture éteignent toute action contre le voiturier pour avarie ou perte partielle, si dans les trois jours, non compris les jours fériés, qui suivent celui de cette réception et de ce payement, le destinataire n'a pas notifié au voiturier par acte extrajudiciaire ou par lettre recommandée sa protestation motivée.

Toutes stipulations contraires sont nulles et de nul effet. Cette dernière disposition n'est pas applicable aux transports internationaux.

Article 108. — Les actions pour avaries, pertes ou retard, auxquelles peut donner lieu contre le voiturier le contrat de transport, sont prescrites dans le délai d'un an, sans préjudice des cas de fraude ou d'infidélité.

Toutes les autres actions auxquelles ce contrat peut donner lieu, tant contre le voiturier ou le commissionnaire que contre l'expéditeur ou le destinataire, aussi bien que celles qui naissent des dispositions de l'article 541 du code de procédure civile (1), sont prescrites dans le délai de cinq ans.

Le délai de ces prescriptions est compté, dans le cas de perte totale, du jour où la remise de la marchandise aurait dû être effectuée, et, dans tous les autres cas, du jour où la marchandise aura été remise ou offerte au destinataire.

Le délai pour intenter chaque action récursoire est d'un mois. Cette prescription ne court que du jour de l'exercice de l'action contre le garanti.

Dans le cas de transport fait pour le compte de l'État, la prescription ne commence à courir que du jour de la notification de la décision ministérielle emportant liquidation ou ordonnancements définitifs.

Article 2. — Dans les cas prévus par la présente loi, les prescriptions commencées au moment de la promulgation seront acquises par cinq ans à dater de cette promulgation, si, d'après la loi antérieure, il reste un temps plus long à courir.

Article 3. — La présente loi est applicable aux colonies de la Martinique, de la Guadeloupe et de la Réunion.

Observations. — La loi que nous venons de citer apporte de très graves modifications dans les règles qui régissaient les rapports du voiturier ou transporteur avec le destinataire. Le mot « voiturier » a une portée très générale et comprend tous ceux qui se livrent à l'industrie des transports par eau, par terre ou par voie de fer. Ce dernier mode étant de beaucoup le plus important, il est clair que c'est à l'égard des grandes compagnies de chemins de fer que l'application de notre loi sera la plus fréquente et mettra en jeu les intérêts les plus considérables.

C'est le gouvernement qui a pris l'initiative de cette loi; son intervention a d'ailleurs été provoquée (2) par des pétitions nombreuses des négociants et chambres de commerce de diverses places importantes; ils se plaignaient de se trouver, à raison du texte des articles 105 et 108, presque désarmés à l'égard des Compagnies de chemins de fer, et à peu près dans l'impossibilité d'obtenir, soit des dommages-intérêts à raison de leurs fautes, soit la restitution de sommes perçues en trop. Aussi demandaient-ils que ces textes fussent soumis à un remaniement complet. Il a été fait droit, dans une large mesure, à leurs doléances; les travaux préparatoires de la loi, dont on lira plus loin le compte rendu (3), attestent que le législateur a agi dans un esprit libéral, c'est-

(1) *Article ainsi conçu:* « Il ne sera procédé à la revision d'aucun compte, sauf aux parties, s'il y a erreurs, omissions, faux ou doubles emplois, à en former leurs demandes devant les mêmes juges. »

(2) Voyez plus loin l'exposé des motifs du Gouvernement.

(3) Voyez notamment l'exposé des motifs du Gouvernement, l'annexe au rapport de M. Gaillard à la Chambre des Députés, *in fine,* les discours de M. Bozérian au Sénat.

à-dire favorable aux commerçants ; il s'est proposé de les protéger contre les transporteurs qui auraient commis des fautes ou des erreurs à leur préjudice. C'est dans cet esprit que la jurisprudence soucieuse de se conformer à la pensée du législateur, ne manquera pas d'interpréter la loi nouvelle.

Afin de mieux mettre en relief les innovations de notre loi, j'examinerai successivement : 1° la situation qui se trouvait établie par l'ancien texte des articles 105 et 108 du code de commerce ; 2° les changements qui résultent de leur rédaction nouvelle.

§ 1er. Des inconvénients qui se produisaient sous l'ancien texte des articles 105 et 108. (1)

Avant notre loi du 11 avril 1888, les articles 105 et 108 du code de commerce étaient ainsi conçus :

Article 105. — « La réception des objets transportés et le paiement du prix de la voiture éteignent toute action contre le voiturier.

Article 108. — « Toutes actions contre le commissionnaire et le voiturier à raison de la perte ou de l'avarie des marchandises, sont prescrites après six mois pour les expéditions faites dans l'intérieur de la France, et après un an pour celles faites à l'étranger : le tout à compter, pour le cas de perte, du jour où le transport des marchandises aurait dû être effectué, et pour le cas d'avarie, du jour où la remise des marchandises aura été faite, sans préjudice des cas de fraude ou d'infidélité. »

De ce texte il résultait qu'une personne, à qui des objets étaient expédiés, n'avait plus aucun droit à invoquer contre le transporteur, lorsqu'elle en avait reçu livraison et qu'elle avait payé le prix de transport. Ainsi quand les deux conditions de la *réception des marchandises* et du *payement du transport* étaient remplies, le destinataire n'avait plus rien à réclamer au voiturier ; il était, disait-on, *déchu* de tout recours. Et pourtant bien souvent l'équité aurait voulu qu'il pût agir, notamment dans les cas suivants :

1° Il y avait un *retard*. Le destinataire, ne s'en apercevant pas au mo-

___

(1) Consulter l'étude publiée dans *le Droit industriel* (1887, p. 125 et suiv.), sur la responsabilité des compagnies de chemin de fer. Elle est divisée en cinq chapitres :

Chapitre Ier. — Détermination et étendue de la responsabilité. Il se divise naturellement en deux parties : cas de responsabilité, cas d'irresponsabilité. Les cas de responsabilité peuvent se grouper sous les trois chefs de retard, d'avarie et de perte des marchandises. Pour chacun d'eux, il y a à préciser ces deux points : 1° Quand y a-t-il responsabilité ? 2° Quelle est l'étendue de cette responsabilité ? Ces principes posés, il faut se demander si les compagnies répondent toujours du dommage causé par le retard, l'avarie ou la perte ; et étudier le cas fortuit, la force majeure et le vice propre qui déchargent absolument les compagnies. C'est le sujet de la seconde partie du premier chapitre.

Chapitre II. — La responsabilité serait vaine si elle n'avait pas une sanction. Les effets de cette sanction sont étudiés dans le chapitre suivant. Il est intitulé :

ment même de la livraison, recevait la marchandise et payait le montant de la lettre de voiture ; quelque temps après, il constatait un retard considérable qui lui causait un grave préjudice. La déchéance de l'article 105 s'appliquait ; l'action en dommages intérêts était repoussée par une fin de non-recevoir absolue.

2° Une Compagnie de chemin de fer ou tout autre voiturier avait demandé au destinataire, lors de la livraison, un *prix de transport supérieur à la taxe réellement due*. Celui-ci, ignorant le tarif véritable et n'ayant pas le temps de le rechercher sur-le-champ, payait sans défiance la somme réclamée ; le lendemain il découvrait son erreur : il ne pouvait se faire restituer la somme perçue en trop ou, en d'autres termes, agir en *détaxe*. Les deux conditions de l'article 105 étant remplies, la déchéance édictée par ce texte s'appliquait (1).

3° Les marchandises transportées avaient subi en route des *avaries ou pertes partielles*. Le négociant à qui elles étaient adressées pouvait ne pas en avoir connaissance au moment de la livraison : peut-être en effet l'avarie était-elle intérieure, non apparente ; peut-être aussi la marchandise avait-elle été livrée alors qu'il était absent ; il découvrait l'avarie ou la perte partielle à son retour, une heure peut-être après la réception. C'était trop tard ; la marchandise avait été livrée, le prix de voiture payé, toute action contre le voiturier était impossible.

Ces conséquences de l'article 105, choquantes au point de vue de l'équité, doivent-elles faire accuser d'imprévoyance le législateur qui l'a rédigé ? Ce serait injuste, car cette rédaction date de 1807, époque où les conditions de transports étaient tout autres qu'aujourd'hui. Les tarifs des transports étaient aussi simples qu'ils sont nombreux et compliqués dans les Compagnies ; il devait bien rarement arriver que les rouliers ou les mariniers réclamassent des sommes en trop. Les retards étaient faciles à constater, car les arrivées étaient infiniment moins fréquentes qu'aujourd'hui, et les époques en étaient fixées. Enfin il était d'usage de payer le prix de voiture, non pas au moment même de la livraison, mais quelque temps après. Pendant ce délai, intermédiaire

Effets de la responsabilité des compagnies, et il se divise en trois parties : *a* preuve de la responsabilité ; *b* détermination de l'indemnité ; *c* du laissé pour compte.

Chapitre III. — La restriction à la responsabilité est comme une exception aux deux premiers. Il s'occupe des cas dans lesquels la responsabilité des compagnies est diminuée par le contrat de transport.

Chapitre IV. — Action en responsabilité. Première partie : Exercice de l'action, c'est-à-dire à qui appartient-elle ? Quelle compagnie peut-on assigner ? Quelle personne de la compagnie ? Deuxième partie : Extinction de l'action : 1° par la fin de non-recevoir de l'art. 105 ; 2° par la prescription de l'art. 108.

Chapitre V. — Le dernier chapitre est consacré à l'étude de la compétence.

(1) Ainsi jugé par la Cour de cassation par un arrêt du 25 avril 1877 (D. 1877, 1, 198).

entre la livraison et le paiement, le destinataire examinait le prix de voiture, recherchait s'il y avait avarie ou perte partielle, et, dans ce cas, refusait le paiement (1). Il prenait le même parti, quand il constatait un retard, ou une exagération dans le prix du transport. De cette façon, le prix de la voiture n'était pas payé, la déchéance prononcée par l'article 105 ne s'appliquait pas et le destinataire pouvait agir contre le voiturier, soit en dommages-intérêts, soit en diminution de ce prix.

Aujourd'hui les Compagnies de chemins de fer sont plus exigeantes que les anciens transporteurs ; fortes de leur monopole, elles font la loi aux particuliers ; elles leur refusent la faculté de ne payer le transport qu'après un certain délai rendant la vérification possible, et exigent le paiement au moment même de la livraison. Or, il est impossible à un commerçant, étant données la multiplicité de ses affaires et la rapidité inévitable des livraisons, de se trouver prêt, à ce moment-là même, à faire le triple examen dont il s'agit ; fût-il libre d'ailleurs, il ne saurait s'y livrer en un instant ; les questions de retard ou de surtaxe demandent des recherches de quelques heures ; il en est particulièrement ainsi lorsque la surélévation de taxe a eu pour cause, soit l'application d'un tarif qui n'aurait pas dû être appliqué au cas particulier dont il s'agit, soit une erreur de direction qui a allongé à tort le parcours ; la découverte des avaries non apparentes suppose qu'on a déballé les marchandises et qu'on en a fait un examen minutieux. Le destinataire se trouve en fait obligé de payer sans opérer la moindre vérification. Dès lors, sous l'empire de l'article 105 ancien, la déchéance de toutes actions contre le transporteur se trouvait encourue ; les Compagnies ne manquaient pas de l'opposer et leur responsabilité devenait illusoire.

Sans doute, paraissait-il, le destinataire avait un moyen de sauvegarder ses droits, même en présence de l'article 105 ; c'était de ne recevoir la livraison qu'en *faisant des réserves*, c'est-à-dire en stipulant qu'il entendait conserver son recours contre la Compagnie, au cas où il découvrirait qu'elle aurait commis une faute où une erreur à son préjudice, mais en fait les Compagnies n'acceptaient pas ces réserves (2). Le destinataire, qui croyait avoir à se plaindre de la Compagnie, ne pouvait donc que refuser purement et simplement les marchandises jusqu'à ce qu'il eût été statué sur sa réclamation. La décision définitive demandait des délais fort longs, si préjudiciables aux commerçants que, dans la plupart des cas, ils préféraient accepter purement et simplement la livraison, en perdant ainsi le droit d'exercer une demande en indemnité absolument fondée en équité.

(1) Conf. l'article de M. Georges Miquel dans *le Droit industriel* (1887, p. 125).

(2) Le droit pour le voiturier de ne pas accepter les réserves faites par le destinataire avait été reconnu par la jurisprudence. Voyez un arrêt de la chambre des requêtes du 30 janvier 1872 (D. 1872, 1, 275).

La déchéance de l'article 105 était d'autant plus choquante que la Compagnie de chemins de fer qui avait livré et reçu le prix de transport ne l'encourait pas ; *cet article éteignait l'action du destinataire contre le voiturier, mais non pas celle du voiturier contre le destinataire.* Si la Compagnie venait à s'apercevoir que ce prix était inférieur à celui porté sur le tarif, elle pouvait exiger le complément de la taxe exacte. De là cette inégalité injuste entre le voiturier et le destinataire, que celui-ci ne pouvant pas agir en détaxe, celui-là pouvait demander une surtaxe.

L'article 108 soulevait aussi de justes critiques. Ce texte supposait que le destinataire avait refusé de recevoir les marchandises et de payer le prix du transport ; par exemple le retard ou l'exagération du prix lui paraissait évident, ou bien encore la marchandise avait subi des avaries considérables qui apparaissaient au premier coup d'œil. Il n'avait alors, pour demander des dommages-intérêts, s'il s'agissait d'avaries ou d'une perte partielle(1), qu'un délai de *six mois* pour les expéditions faites dans l'intérieur de la France et d'*un an* pour celles de l'étranger. La Compagnie au contraire avait *trente ans* pour agir en paiement du prix de transport. Cette différence constituait une injustice flagrante. L'article 108 prononçait une prescription de faveur, au profit du voiturier, à raison de ses obligations envers le transporteur ; c'était là certainement dans la loi un manque d'équilibre.

Une autre critique, également fondée, fut formulée contre le texte de l'article 108, non plus par les commerçants, mais par les Compagnies de chemins de fer (2): « Notre obligation d'indemniser le destinataire, « disaient-elles, se prescrit par le délai de faveur de six mois ou d'un « an, lorsqu'il s'agit de la perte ou de l'avarie des marchandises ; au « contraire, si c'est un retard qui nous est reproché, le texte étant « muet, notre responsabilité dure trente ans. Cela n'est pas logique, « car les retards sont faciles à constater par les destinataires, et il n'y a « pas de motif pour ne pas appliquer à l'action en indemnité qui en « dérive la même prescription qu'au cas de perte ou d'avarie. » Nous verrons qu'il a été tenu compte de cette observation dans la rédaction de la loi nouvelle.

Enfin un troisième reproche était à bon droit adressé à l'article 108 ; il était comme le précédent formulé par les voituriers et conservait l'exercice des actions nécessaires. Supposons une expédition faite en France par l'intermédiaire de plusieurs voituriers successifs. A l'arrivée de la marchandise, le destinataire la refuse, parce qu'elle a subi des avaries considérables ; il a six mois pour agir en indemnité. En général il n'agit que dans les derniers jours du délai ; des négociations en effet

(1) Lorsqu'il s'agissait de demander des dommages-intérêts pour retard, le délai était, d'après la jurisprudence, de trente ans, conformément au droit commun (Sir. 1859, 1, 838), il en était de même pour l'action en détaxe.

(2) Voyez le rapport de M. Gaillard à la Chambre des Députés.

s'engagent en vue d'un arrangement amiable, et c'est seulement lorsque le destinataire désespère d'obtenir satisfaction par cette voie qu'il lance l'assignation devant le tribunal de commerce contre le dernier voiturier. Celui-ci, qui croit que le dommage est imputable au transporteur précédent, agit contre lui en garantie ; le second transporteur peut à son tour se retourner contre un troisième et ainsi de suite. Et, d'après l'article 108, toutes actions contre le voiturier à raison de pertes ou avaries étaient prescrites par six mois. Lorsque six mois étaient écoulés depuis l'époque où la remise des marchandises aurait dû être faite au destinataire, toutes actions nées des avaries ou pertes étaient éteintes, et les actions récursoires non encore intentées ne pourraient plus l'être. C'est pourquoi, lorsque l'action principale en dommages-intérêts était intentée par le destinataire contre le voiturier dans les derniers jours de ce délai de six mois, celui-ci n'avait plus le temps moralement nécessaire pour assigner le voiturier précédent. Cette solution absolument inique, puisqu'elle obligeait le dernier voiturier à payer des dommages-intérêts à raison de fautes qu'il n'avait pas commises et qui étaient imputables aux transporteurs qui l'avaient précédé, était consacrée par la jurisprudence (1), car elle résultait du texte même de la loi.

§ 2. — Des modifications apportées par le nouveau texte des articles 105 et 108 dans les rapports entre les voituriers et les destinataires (2).

L'usage de payer le prix du transport au moment même de la livraison est conservé, mais il n'en résulte plus nécessairement pour le destinataire déchéance de ses droits contre le voiturier, il dépend de lui de les réserver, en signifiant au transporteur dans un délai très court, qu'il proteste contre la livraison qui vient de lui être faite. Ce délai peut être qualifié, il l'a été maintes fois dans les travaux préparatoires, de *délais de protestation*.

Comment se fait la protestation ? — La protestation a lieu, soit par *acte extrajudiciaire*, soit par *lettre recommandée*. L'acte extrajudiciaire est celui qui est fait par ministère d'huissier. Afin de rendre la protestation plus facile et surtout moins coûteuse, la loi permet de la notifier par simple lettre recommandée. Il faut remarquer que le projet du Gouvernement ne parlait pas de ce second procédé pourtant si commode ; il est dû à la commission de la Chambre des Députés.

« Le projet du Gouvernement, dit le rapporteur à la Chambre des
« Députés, imposait la protestation par acte extra-judiciaire. Votre
« commission a jugé qu'il était possible de donner satisfaction à un

(1) Ch. civ. rej. 11 novembre 1872 (S. 1872, 1, 401).
(2) Nous publions plus loin, (documents parlementaires) les diverses dispositions qui réglementent cette matière en pays étrangers.

« vœu qui était émis par de nombreux représentants des intérêts du
« commerce. On a fait observer, en effet, que l'importance des litiges
« était parfois minime, et que si la procédure débute par un acte rela-
« tivement coûteux, elle arrivera à écarter les réclamations qu'il eût
« été équitable de laisser produire et de régler à peu de frais.

« Le coût d'un acte simple s'élève à Paris à 7 fr. 55.

« Votre commission a pensé que, tout en laissant le choix à l'inté-
« ressé, elle pouvait admettre, soit la notification par acte extrajudi-
« ciaire, soit la notification par lettre recommandée, étant bien entendu
« que c'est le timbre du bureau de départ qui donnera date certaine à
« la protestation (1) ».

La protestation doit être, dit la loi, *motivée*. Ainsi le destinataire doit
dans sa lettre formuler d'une façon précise sa réclamation : il doit dire
s'il se plaint d'un retard, d'une exagération du prix de transport,
d'une avarie ou d'une perte. Dans ce dernier cas surtout il donnera
des renseignements aussi détaillés et aussi exacts que possible sur
l'état des marchandises, afin de pouvoir prouver plus facilement plus
tard que c'est bien en cours de route, et non pas dans ses magasins,
postérieurement à la livraison, que l'avarie ou la perte s'est produite.

Durée du délai de la protestation. — Il faut que la protestation soit
faite au plus tard le *troisième jour qui suit la livraison des marchandises.* On ne compte pas les jours fériés. Ainsi, supposons que la livraison ait lieu le samedi qui est la veille de la Pentecôte. Ce dernier jour
ainsi que le lundi qui suit étant fériés, ne comptent pas ; c'est donc le
jeudi qui sera le dernier jour utile pour protester. Lorsque la protestation est faite par lettre recommandée, ce qui sera en pratique le cas le
plus fréquent, faut-il que la lettre soit *reçue* par le voiturier le troisième
jour ; suffit-il au contraire que la lettre soit *remise à la poste et parte* ce
jour-là ? Il a été dit dans les travaux préparatoires (2) qu'il suffit que le
récépissé remis par la poste à l'envoyant, constate que la lettre est
partie le troisième jour. La livraison a-t-elle été faite le premier avril ?
Il suffira que la lettre de protestation parte le 4 et que ce départ se
trouve constaté par le récépissé remis par la poste au recommandant.

En résumé, ou bien le destinataire qui a reçu livraison des marchandises et en a payé le transport n'use pas de la faculté de protester,
et alors il se trouve déchu de tout recours contre le transporteur, absolument comme cela avait lieu avant notre loi ; ou bien il exerce ce droit,
et alors toutes ses actions contre le voiturier se trouvent réservées.

Plaçons-nous dans cette dernière hypothèse d'une protestation
faite régulièrement par le destinataire qui prétend, par exemple, que

(1) Voyez l'annexe au rapport de M. Gaillard, *in fine* (annexe au procès-verbal de la séance de la Chambre des Députés du 21 octobre 1886).

(2) Voyez la séance du 6 février 1888 au Sénat et l'observation faite par le rapporteur sur ce point.

la marchandise a subi des avaries ou une perte partielle. Il pourra agir
en indemnité en vertu du nouvel article 105 ; mais il faut bien remarquer que, conformément aux principes généraux, il devra, en sa qua-
lité de demandeur, *fournir la preuve* que sa prétention est bien fondée.
Ainsi, il faudra qu'il établisse, non seulement que la marchandise est
avariée ou perdue en partie, mais encore que c'est bien en cours de
route, et non pas depuis la livraison que les détériorations ou pertes
partielles se sont produites. Au contraire, on sait que, d'après l'art. 103
du Code de commerce (1), *lorsque la livraison n'a pas encore été faite, ni
le transport payé*, le destinataire n'a pas à prouver que les détériorations ou pertes partielles sont survenues en route ; il y a une présomption de faute qui pèse sur le voiturier et dont il appartient à celui-ci de
se décharger en prouvant qu'elles sont le résultat d'un cas fortuit ou
d'une force majeure. Cette observation a été faite d'une façon formelle
et avec beaucoup d'insistance dans les travaux préparatoires. L'exposé
des motifs présenté au nom du Gouvernement à la Chambre des Députés appelle l'attention sur ce fait que le destinataire supportera le fardeau de la preuve. Au Sénat (2) M. Paris proposa et soutint un amendement qui exprimait d'une façon formelle que c'est au destinataire
qu'incomberait la charge de prouver que les avaries ou pertes partielles étaient survenues en cours de route. Il y avait en effet une certaine raison de douter. On pourrait dire que la protestation a pour effet
de tenir en suspens l'effet de la livraison, de la faire considérer comme
n'étant pas parfaite, et que, la réception étant censée n'avoir pas eu
lieu, le voiturier reste sous le coup de la présomption de faute, absolument comme si la marchandise était encore en gare ou sous la garde
du voiturier. L'amendement de M. Paris a été repoussé ; on lui objecta
avec raison que les principes généraux suffisaient à mettre à la charge
du destinataire le fardeau de la preuve, qu'il n'était pas besoin d'alour-
dir le texte par l'insertion d'un amendement absolument inutile (3).

Cette condition, imposée au destinataire qui a protesté, de prouver
que le dommage est survenu en cours de route, pourra souvent n'être
pas facile à remplir. Aussi les commerçants feront-ils bien de surveiller
comme par le passé les livraisons, sans se trop fier à la faculté de protestation. Lorsque la marchandise paraîtra avoir certainement subi
des avaries ou une perte partielle en route, le destinataire agira sagement en refusant purement et simplement de la recevoir. De cette façon,
quand il agira en dommages-intérêts contre le voiturier, il n'aura

(1) *Article ainsi conçu :* « Le voiturier est garant de la perte des objets à transporter, hors le cas de force majeure.

« Il est garant des avaries autres que celles qui proviennent du vice propre de
la chose ou de la force majeure. »

(2) Voyez plus loin le compte rendu de la séance du 16 février 1888.

(3) Voyez dans la même séance les discours du rapporteur et de M. Loubet,
Ministre des Travaux Publics, en réponse à M. Paris.

aucune preuve à faire relativement à l'origine du dommage ; il lui suffira de le faire constater. Le voiturier supportera alors la présomption
de faute qui résulte de l'article 103, et il ne pourra dégager sa responsabilité qu'en prouvant que l'avarie ou la perte partielle est due à une
force majeure.

Les dispositions ou clauses, ayant pour objet d'ôter aux destinataires
la protection que leur accorde la loi sont nulles et de nul effet (1). Cette
disposition a été introduite par la Chambre des Députés. Le rapporteur
de la commission du Sénat, M. Demôle, en proposa la suppression
sous le prétexte de la liberté des conventions ; mais ses conclusions
sur ce point furent énergiquement combattues par M. Bozérian et par
M. Loubet, Ministre des Travaux publics (2). Si l'on avait admis le droit
de renoncer à la faculté de protestation admise par le nouvel art. 105,
les Compagnies n'auraient pas manqué d'insérer dans les tarifs la
clause que le destinataire n'aurait aucune réclamation à faire après
la réception des objets et le paiement du transport. Cette clause serait
devenue de style, et la disposition de l'art. 105 nouveau aurait été
éludée.

Toutefois cette règle n'est pas applicable en ce qui concerne les
transports internationaux ; ils supposent des tarifs convenus entre les
Compagnies françaises et les Compagnies étrangères ; les premières ne
rédigent pas à leur gré ces tarifs et doivent souvent subir les exigences
des autres. Ainsi supposons que la convention de tarifs passée entre
une Compagnie italienne et la Compagnie P.-L.-M. contienne cette
clause : « Lorsque la livraison des marchandises et le paiement du
« transport seront effectués, le destinataire sera déchu du droit d'élever
« une réclamation quelconque » ; cette convention, d'après la réserve
contenue dans notre article 105, devra être appliquée (3).

Prescription des actions du destinataire contre le voiturier. — Lorsque
la protestation a été régulièrement faite par le destinataire, tous ses
droits sont conservés ; il peut donc agir contre le voiturier. Quel
délai aura-t-il pour le faire ? ou, pour employer un langage plus
juridique, par quel délai se prescriront les actions qui peuvent lui
appartenir ? Cette question est résolue par l'article 108, qui règle aussi
la prescription des actions qui compètent au voiturier contre le destinataire.

La loi fait une distinction :

(a). S'agit-il d'une action en dommages-intérêts pour *avarie* ou détérioration, pour *perte* totale ou partielle des objets transportés, ou pour
retard ? dans tous ces cas l'action se prescrit par le délai d'*un an*.

(1) Voyez le paragraphe 2 du nouvel article 105.
(2) Voyez plus loin le compte-rendu des séances du Sénat des 6 et 17 février
1888.
(3) Voyez le discours de M. Georges au Sénat dans la séance du 17 février 1888.

Le point de départ de ce délai, lorsqu'il y a eu *perte totale*, est le jour où les marchandises auraient dû parvenir à destination. — *Pour tous les autres cas*, le délai part du jour où les marchandises ont été remises ou offertes au destinataire. Cette règle formellement posée par l'article 108 doit faire écarter une théorie qui pourrait se produire sur le point de départ du délai en cas d'action pour *retard*. Les auteurs qui, sous l'empire de l'ancien texte de l'article 108, admettaient, contrairement à la jurisprudence, que l'action pour retard était soumise à la prescription de six mois (1), discutaient la question de savoir quel devait être le point de départ du délai. La plupart soutenaient que c'était le jour où les marchandises auraient dû être remises, et non pas celui où elles ont été effectivement livrées ou offertes au destinataire (2). Si cette doctrine était émise aujourd'hui, elle devrait être écartée comme contraire au nouveau texte.

Dans le cas d'avarie ou de perte, notre article 108 soustrait l'action du destinataire contre le voiturier à la prescription d'un an, *lorsqu'il y a fraude ou infidélité*. La fraude consiste dans l'emploi de moyens quelconques, imaginés en vue de dissimuler les avaries, l'infidélité dans le *détournement* des objets transportés. Le voiturier répond de ces manœuvres frauduleuses ou de ces détournements, non seulement quand il en est lui-même l'auteur, mais encore quand ils ont été commis par un de ses agents ou employés (3). L'action en dommages-intérêts dure alors, conformément au droit commun, trente ans.

(*b*). S'agit-il de toute autre action, par exemple d'une action en *détaxe* ou en diminution du prix de transport ? Le délai de la prescription est de cinq ans. Son point de départ est, selon la règle générale, le jour où les marchandises ont été livrées ou offertes au destinataire.

Notre loi exprime que *les actions qui naissent de l'art. 541 du code de procédure civile sont elles-mêmes soumises à la prescription de cinq ans*. Cette disposition a fait au Sénat l'objet d'une discussion très intéressante (4). L'article 541 permet au débiteur de se faire restituer par son créancier ce qu'il lui a payé en trop, quand ce paiement exagéré est dû à une erreur de calcul; la durée de son action, dite *action de revision de compte*, est de trente ans. Ainsi supposons qu'une facture, portant une suite d'additions, s'élève à un total de 9.845 francs. Je m'aperçois, quinze ans, vingt ans après avoir payé, que le calculateur a commis des erreurs matérielles, par exemple parce que ses chiffres étaient mal formés, ou parce qu'il s'est trompé dans une retenue, etc., je trouve que le

(1) Voyez dans *le Droit industriel*, l'article de M. Georges Miquel, n° 81.
(2) En ce sens Lyon-Caen et Renault, *Précis de droit commercial* n° 926, *in fine*, et la note.
(3) Code civil, article 1384.
(4) Voyez le compte rendu de la séance du 17 février 1888 et la discussion à laquelle prirent part MM. Léon Clément, Bozérian, Léguen, Trarieux, Munier.

total exact est de 7.245 francs. J'ai trente ans pour faire reviser mon compte et obtenir restitution des 2.600 francs que j'ai payés en trop. Il s'agissait de savoir, lors de la discussion de la loi, si l'erreur matérielle commise dans une lettre de voiture donnerait ouverture à une action en revision de compte durant trente ans, d'après le droit commun. Il fut décidé que, par dérogation aux principes généraux, cette action serait ici prescrite par le délai de cinq ans tel qu'il est fixé dans l'article 108.

Prescription des actions du voiturier contre le destinataire.—Ces actions sont soumises à la prescription uniforme de cinq ans.

Ainsi l'action du voiturier, qu'elle ait pour objet le *paiement du transport* ou une *surtaxe*, ou une *revision de compte* en cas d'erreur matérielle, dure toujours cinq ans, et se trouve prescrite à l'expiration de ce délai.

Il est possible, ainsi que nous l'avons vu ci-dessus, que le voiturier actionné en dommages-intérêts ait un recours à exercer contre un voiturier antérieur, lequel pourra à son tour assigner en garantie le transporteur précédent. Nous avons dit que, sous l'ancien art. 108, les actions récursoires se trouvaient prescrites en même temps que l'action principale ; or, celle-ci étant généralement intentée dans les derniers jours de sa durée, il en résultait que l'action récursoire s'éteignait alors que le voiturier n'avait pas eu le temps moralement nécessaire pour l'exercer. Cet inconvénient a été corrigé. Aujourd'hui la prescription de l'action récursoire ne court que du jour où le voiturier à qui elle compète a été lui-même assigné : cette prescription est d'ailleurs très courte, car elle s'accomplit par l'expiration d'un délai d'un mois. Le voiturier actionné en garantie a lui-même le même délai d'un mois pour assigner tel transporteur précédent, et ainsi de suite.

Telles sont, en substance, les modifications profondes apportées par la loi du 11 avril 1888 aux anciennes dispositions des articles 105 et 108 du Code de commerce. Le législateur, on le voit, s'est proposé principalement de faire droit aux justes réclamations des commerçants. Les voituriers, les Compagnies de chemins de fer surtout, étaient arrivés à s'exonérer, contre toute équité, dans un grand nombre de cas, de la responsabilité de leurs fautes. La loi a donné aux destinataires le moyen de sauvegarder leurs droits et a ainsi rétabli l'égalité dans leurs rapports avec les transporteurs.

.·.

Nous reproduirons ci-après tous les documents parlementaires relatifs à l'élaboration de la loi du 11 avril 1888.

DOCUMENTS PARLEMENTAIRES.

1° Exposé des motifs du projet de loi présenté par le Gouvernement.

(Chambre des Députés. — Annexe n° 110. — Séance du 26 novembre 1885).

Messieurs, vos prédécesseurs avaient été saisis par le Gouvernement d'un projet de loi, déposé le 23 novembre 1881, portant modification des articles 105 et 108 du Code de commerce (1).

Ce projet était l'œuvre d'une commission extra-parlementaire, instituée au Ministère de la Justice avec le concours des Ministres du Commerce et des Travaux publics, et les motifs en étaient exposés dans le rapport ci-après, adressé au Garde des Sceaux au nom de la Commission:

Monsieur le Garde des Sceaux,

Les 6 mars, 3 avril et 3 juillet 1879, sur les résolutions de commissions des pétitions et aux rapports de MM. Devaux, Marcellin Pellet et Corentin-Guyho, la Chambre des Députés a ordonné le renvoi aux Ministres des Travaux publics, de la Justice, de l'Agriculture et du Commerce de pétitions à elle adressées, au sujet de l'article 105 du Code de commerce, par un grand nombre de négociants de Paris, Bayonne, Agen, Villeneuve-sur-Lot, le Puy, Bordeaux, Niort, Cahors et Rodez par les chambres syndicales des facteurs de pianos et autres instruments de musique, du commerce en gros des vins et spiritueux de Paris et du département de la Seine, de la boulangerie de Paris, par les chambres de commerce de Cette, du Havre, de Laval, de Lyon, de Nancy, de Nantes et de Nimes.

Vous avez alors, d'accord avec MM. les Ministres des Travaux publics, de l'Agriculture et du Commerce, constitué une Commission, à l'effet d'examiner ces pétitions qui exposent les graves difficultés qui résultent, pour les relations commerciales de l'application de l'article 105 du Code de commerce aux transports par chemins de fer.

Cette Commission a l'honneur de vous transmettre les résultats de ses travaux.

Tout d'abord, elle a voulu avoir l'avis des corps judiciaires, des facultés de droit, des chambres de commerce, des chambres consultatives des arts et manufactures et des compagnies de chemin de fer sur les questions suivantes :

« 1° L'article 105 du Code de commerce édicte que la réception des objets transportés et le payement du prix de transport éteignent toute action contre le voiturier.

« Cette disposition s'applique incontestablement au cas où l'action a pour cause des avaries, des pertes ou des retards dans le transport.

« Les commerçants se plaignent de l'application de cet article. Les conditions dans lesquelles ont lieu les transports par chemins de fer, la rapidité inévitable des livraisons, la nécessité de payer le transport immédiat, l'impossibilité de recevoir sous réserves, rendent illusoire, en pratique, la faculté de vérification.

« A raison de ces réclamations, y aurait-il lieu d'accorder au destinataire un court délai, pendant lequel il pourrait, même après la réception des marchandises et le payement du transport, réclamer des dommages-intérêts pour les avaries ou les pertes, à la condition de prouver que les avaries ou les pertes sont survenues pendant le transport ?

« Y aurait-il lieu également d'accorder au destinataire, pendant un court délai après la réception, le droit de réclamer des dommages-intérêts pour retard ?

« 2° Les dispositions de l'article 105 ont été étendues, par une jurisprudence récente, aux actions en détaxe dirigées contre le voiturier, lorsque ces actions n'ont pas pour objet la rectification d'une simple erreur de calcul, mais portent sur l'existence même des conditions du contrat de transport, ou sur une faute commise dans l'exécution de ce contrat (Arrêt du 25 avril 1877).

« Les pétitionnaires se plaignent que les compagnies conservent toujours le droit de réclamer les suppléments de taxe qui n'ont pas été exactement calculés, et qu'au contraire les négociants ne peuvent, dans la plupart des cas, obtenir la restitution des sommes payées en trop: c'est ce qui a lieu notamment lorsque la taxe surélevée a eu pour cause, soit l'application d'un tarif qui n'eût pas dû être appliqué au cas particulier, soit une erreur de direction qui a allongé le parcours. Les réclamations à formuler ne peuvent être présentées avant la réception. La nécessité d'enlever immédiatement les marchandises dans les gares ne permet pas à ce moment de reconnaître les erreurs qui, à raison de la complication des tarifs, ne peuvent être découvertes que par un examen parfois assez prolongé.

(1) Le présent exposé des motifs est la reproduction textuelle de celui qui avait été déposé le 23 novembre 1881. — Ce projet de loi, qui n'a pas été discuté au cours de la précédente législature, avait seulement donné lieu à un intéressant rapport de M. Bisseuil.

« Y aurait-il lieu, en conséquence, de distinguer les actions pour avaries, pertes ou retards des actions en détaxe et de n'appliquer l'article 105, même modifié, qu'aux premières, en édictant pour les secondes une prescription spéciale de courte durée. »

Après avoir examiné les nombreux et précieux documents qui lui ont été transmis, la Commission a pensé qu'il y avait lieu de vous signaler tout spécialement les considérations suivantes, empruntées, en partie, aux réponses qui lui ont été adressées.

Les articles 97 et suivants, 103 et suivants du Code de commerce, sur la responsabilité des commissionnaires de transports et des voituriers, sont applicables aux compagnies de chemins de fer.

Il est également certain, bien que cela ait été contesté dans l'origine, que la déchéance établie par l'article 105 du Code de commerce, aux termes duquel la réception des objets transportés et le payement du prix de la voiture éteignent toute action contre le voiturier, est applicable aux compagnies de chemins de fer, comme à toutes les autres entreprises de transports (1).

Ces solutions sont incontestablement fondées en droit ; les différences qui peuvent exister entre la manière de procéder des entreprises de chemins de fer et celle des autres entreprises de transport ne changent pas la nature juridique du contrat de transport et des obligations qui en résultent pour l'expéditeur, le destinataire et l'entrepreneur.

Cette considération porte à penser que les modifications à apporter à la législation des transports doivent être générales, comme les dispositions qu'il s'agit de modifier, et s'appliquer non pas exclusivement aux entreprises de transports par chemins de fer, mais à toutes les entreprises de transport.

C'est en se mettant à ce point de vue général qu'il faut rechercher s'il y a lieu de modifier l'article 105, d'abord en ce qui touche les actions pour pertes ou avaries de la chose transportée, ou pour retard dans la livraison, ensuite en ce qui touche les actions auxquelles peut donner lieu l'exécution des conditions du contrat de transport.

I. Action pour avaries. — En ce qui touche les actions pour avaries, ou pertes partielles, la Commission n'a pas éprouvé d'hésitation. Les nombreux pourvois sur lesquels la Cour de cassation est journellement appelée à statuer, et dans lesquels elle est obligée d'appliquer une déchéance qui empêche l'exercice d'une action peut-être fondée, démontrent que les intérêts des expéditeurs et des destinataires ne sont pas toujours suffisamment sauvegardés. La jurisprudence de la Cour de cassation a, il est vrai, jugé, d'une part, que les deux conditions exigées par cet article pour que la déchéance qu'il prononce soit encourue, à savoir la réception des objets transportés et le payement du prix de la voiture, sont cumulatives, et que l'action en responsabilité contre le voiturier n'est pas éteinte par l'accomplissement de l'une seulement de ces conditions, et, d'autre part, que les Compagnies de chemins de fer, qui exigent que le destinataire paye le prix de transport et émarge le livre de sortie avant de prendre livraison de la marchandise, ne sont pas déchargées par l'accomplissement de ces formalités, et qu'elles ne sont déchargées qu'autant qu'il y a livraison effective. Mais il n'en est pas moins vrai que les conditions dans lesquelles s'effectuent aujourd'hui les transports, la multiplicité des objets transportés, la célérité nécessaire imposée aux transporteurs et exigée par les expéditeurs ou les destinataires, sont dans la plupart des cas, un obstacle à la vérification immédiate et à la constatation de l'état de la marchandise au moment de la livraison et du payement du prix du transport, payement sans lequel la livraison, dont le destinataire peut avoir un besoin urgent, ne serait pas effectuée.

S'agit-il de marchandises livrables en gare, au moins pour toutes celles expédiées sous emballage, la vérification en gare est impossible ; la jurisprudence écarte la fin de non-recevoir, s'il y avait encombrement à la gare, mais elle ne se préoccupe pas de la nature des marchandises, qui rendrait le plus souvent l'ouverture et la vérification des colis plus dommageable que ne peut l'être le risque d'une réception pure et simple.

S'agit-il de marchandises livrables à domicile, le destinataire n'a le choix que de recevoir ou de refuser les colis, attendre leur ouverture ne pourrait que difficilement être imposé aux Compagnies à cause de l'activité incessante que réclament les livraisons. La vérification sommaire du conditionnement extérieur est seule possible, mais non celle d'avaries intérieures, dues à des chocs à l'humidité, etc…

Il a donc paru à la Commission qu'il y avait, sinon nécessité, du moins incontestable utilité à tempérer, dans l'intérêt du commerce, la rigueur de l'article 105, tout en prenant des précautions pour que les entrepreneurs de transports, et spécialement les Compagnies de chemins de fer, ne se trouvent pas à la discrétion absolue des destinataires ou des expéditeurs.

***

Un coup d'œil jeté sur les législations étrangères l'a confirmée dans cette pensée.

Allemagne. — Le Code de commerce allemand a, sur le contrat de transport et sur les rapports du voiturier et de l'expéditeur ou du destinataire, des dispositions détaillées, qui ont un caractère plus réglementaire que législatif. Ce qui distingue ce code, c'est qu'a-

(1) Arrêts de cassation des 20 janvier 1875, 6 février 1877, 13 juin 1877, 13 février 1878, 10 avril 1878, 8 mai 1878, 16 juin 1879, 17 juin 1879, 4 février 1880.

près avoir, dans un premier chapitre, traité du transport en général, déterminé avec précision les devoirs et les droits respectifs des parties, réglé les cas dans lesquels le voiturier est responsable, il traite des transports par chemins de fer, dans un autre chapitre, où se trouvent des règles spéciales sur ce mode particulier de transport, les devoirs et les droits spéciaux qui en résultent, soit pour les Compagnies, soit pour le public.

Dans le chapitre 1er du titre V, qui traite des transports en général, se trouve un article 408 ainsi conçu : « La réception de la marchandise et le payement du prix de voiture éteignent toute action contre le voiturier. Le voiturier ne peut être actionné, après la réception de la marchandise et le payement du prix de voiture, que pour fait de perte ou d'avarie non reconnaissables lors de la livraison, et qu'autant que la constatation de la perte ou de l'avarie a été requise immédiatement après la découverte ; il doit, en outre, être justifié que la perte ou l'avarie remonte au temps qui s'est écoulé entre la remise au voiturier et la livraison par lui effectuée. »

D'après cet article, la réception de la marchandise et le payement du prix de transport n'éteignent donc l'action contre le voiturier que si la perte ou l'avarie sont apparentes au moment de la livraison.

Le droit que cet article 408 réserve au destinataire est réglé par l'article 428 du chapitre II du même titre, qui traite des transports par chemin de fer, en ce sens que, pour le cas d'avaries non apparentes, cet article 428 autorise des conventions sur lesquelles l'article 408 garde le silence.

« Il peut être stipulé, dit cet article 428, que, après la réception de la marchandise et le payement du fret, il n'y a plus lieu à action, pour la perte ou la détérioration de la chose même lorsque le fait n'était pas appréciable au moment de la livraison et n'a été découvert que plus tard (article 408, 2e alinéa), si des réclamations à ce sujet ne sont pas adressées à l'administration du chemin de fer dans un délai déterminé après la livraison. Ce délai ne peut être moindre de quatre semaines. »

Il résulte de la combinaison de ces articles 408 et 428 que le voiturier ordinaire reste sans détermination de délai exposé à l'action du destinataire pour pertes ou avaries non apparentes, pourvu que l'action soit exercée aussitôt après la découverte, à quelque époque que ce soit, à la charge seulement de prouver que la perte ou l'avarie est arrivée pendant que la chose était sous la garde du voiturier, tandis que, en matière de transports par chemins de fer, cette action peut être conventionnellement renfermée dans un délai qui ne peut être moindre de quatre semaines.

Italie. — Le Code de commerce italien de 1865, calqué sur le Code français, après avoir posé dans les articles 82 et 83, le principe de la responsabilité du voiturier, reproduit textuellement, dans son article 81, la disposition de notre article 105 : « La réception des objets transportés et le payement du prix de transport éteignent toute action contre le voiturier. »

Mais le Code de commerce actuellement en préparation en Italie, en reproduisant une disposition analogue, la complète par une autre disposition, qui se rapproche de celle de l'article 408 du Code de commerce allemand :

« La réception des choses transportées et le payement du transport, dit l'article 409 de ce projet, éteignent toute action contre le voiturier. Toutefois l'action contre le voiturier pour la perte ou l'avarie non reconnaissable au moment de la livraison continue à subsister après la réception de la chose transportée et le payement du transport, si la perte ou l'avarie a été constatée judiciairement, dans les dix premiers jours de la livraison, et s'il est prouvé qu'elle est antérieure à cette livraison. Ces dispositions cessent d'être applicables en cas de dol. »

De cet article il résulte que, comme dans le Code allemand, la réception et le payement n'éteignent l'action que si l'avarie ou la perte sont apparentes. L'action du destinataire subsiste, moyennant certaines conditions, si l'avarie n'est pas apparente. Une disposition particulière donne, d'ailleurs, dans ce cas, au destinataire un droit de vérification. « Le destinataire, dit l'article 401, a le droit de vérifier, à ses frais, au moment de la livraison, l'état de la chose transportée, alors même qu'elle ne présente pas des signes extérieurs d'avarie. »

A la différence de la législation allemande, le projet du Code italien assimile, de la manière la plus complète, le transport par chemins de fer ou le transport qui a lieu par tout autre moyen. « Les stipulations, dit l'article 410 de ce projet, qui excluent ou limitent, dans les transports par chemins de fer, les obligations et les responsabilités établies sont nulles et de nul effet, alors même qu'elles seraient autorisées par des règlements généraux ou particuliers. »

Belgique. — Le projet de réforme actuellement soumis aux Chambres, en Belgique, présente une grande analogie avec le projet de Code italien.

L'article 105, actuellement en vigueur, serait complété par une disposition qui autoriserait l'action du destinataire, au cas d'avaries occultes, s'il est prouvé qu'elles sont antérieures à la livraison, et que l'action a été intentée aussitôt après la découverte de l'avarie.

Espagne. — Le Code de commerce espagnol de 1829, après avoir, dans ses articles 208 à 217, déterminé les conditions de l'étendue de la responsabilité du voiturier, au cas de perte ou d'avaries, dispose en ces termes, dans son article 219 :

« La réclamation contre le voiturier, pour dommages ou avaries remarqués sur les marchandises à l'ouverture des colis, doit avoir lieu dans les vingt-quatre heures qui suivent la réception des marchandises, lorsque les signes du dommage ou de l'avarie ne sont pas de telle nature qu'on puisse les reconnaître extérieurement. Après ce délai de vingt-quatre heures, ou après le payement du transport, toute répétition sur l'état dans lequel les marchandises ont été remises est inadmissible contre le voiturier. »

L'article 200 ajoute : « Les consignataires ne peuvent différer le payement du prix du transport des marchandises qu'ils reçoivent plus de vingt-quatre heures après la remise effectuée ; en cas de retard, et à moins de réclamation pour déchet ou avarie, le voiturier peut exiger la vente des marchandises, en quantité suffisante pour couvrir le prix du transport et les frais qu'il a pu faire. »

De ces dispositions combinées il résulte que, lorsqu'il s'agit d'avaries non apparentes, le destinataire a vingt-quatre heures pour payer et réclamer mais que, s'il paye avant l'expiration des vingt-quatre heures, il perd à l'instant même le droit de réclamer.

Le Code espagnol ne s'explique, d'une manière expresse, que sur les dommages découverts à l'ouverture des colis, et non sur le cas où il s'agit d'avaries ou de dommages extérieurs ou apparents. Néanmoins, on peut conclure de ces dispositions que la réclamation, en cas de dommages extérieurs et apparents, doit être formée, ou tout au moins réservée au moment de la réception.

Hollande. — Le Code de commerce hollandais de 1838 pose d'abord le principe de la responsabilité du voiturier, en cas de perte ou d'avarie, dans les articles 91 et 93. L'article 93, qui suit, est ainsi conçu : « La réception des objets transportés et le prix du transport éteignent toute action contre le voiturier, pour avarie ou diminution, si le défaut était extérieurement visible. Malgré le payement du prix, l'inspection judiciaire pourra être faite après la réception des effets, si les avaries ou la diminution n'étaient pas visibles extérieurement, pourvu que cette vérification soit demandée dans les quarante-huit heures après la réception et que l'identité des effets soit constatée. »

Comme on le voit, le Code hollandais, plus explicite que le Code espagnol, complète la distinction faite par celui-ci entre les avaries apparentes et les avaries non apparentes, en réglant pour les deux cas la situation du destinataire, que le Code espagnol n'avait réglée d'une manière expresse, que pour le cas d'avarie non apparente.

De cet exposé des législations étrangères il résulte que la législation française sera bientôt la seule qui attache une déchéance absolue à la réception de la marchandise et au payement du prix de transport.

Parmi les législations étrangères, plusieurs se réfèrent à la nature des avaries et distinguent, selon qu'elles sont apparentes ou occultes. Cette distinction a paru à la Cour de cassation concilier équitablement les intérêts du transporteur et du destinataire ; elle l'a adoptée ; plusieurs Cours d'appel et la moitié environ des Facultés de droit avaient déjà formulé leur avis en ce sens.

Dans cette opinion, on fait remarquer que le destinataire auquel aucun signe extérieur ne révèle les avaries ou n'en fait soupçonner l'existence, ne peut pas être considéré comme renonçant par la réception et le payement à des actions dont il ignore la cause.

Il ne peut en être de même, au cas d'avaries apparentes. Lorsque l'avarie ou la perte partielle est apparente, le destinataire voit qu'il y a une cause de réclamation, et par conséquent, d'action ; et si cependant il reçoit la chose transportée et paye le prix du transport, sans protestation ni réserves, il est présumé renoncer à son droit.

Malgré la gravité de ces motifs, et l'incontestable autorité des corps judiciaires qui l'ont adopté, la Commission n'a pas cru devoir se rallier à cet avis.

Les conclusions qu'elle a l'honneur de vous soumettre ont été déterminées par plusieurs considérations :

Qu'est-ce que l'avarie apparente? peut-on dire ; sera-t-elle donc toujours et dans tous les cas si facile à constater qu'aucun doute ne s'élève? Qu'exigerez-vous de l'attention du destinataire et parfois même de sa perspicacité pour deviner l'avarie d'après les traces que les accidents du voyage auront pu laisser sur les emballages? Le droit de réclamation se trouverait subordonné non pas à un fait précis, mais à une appréciation qui devra varier suivant les cas, et qui sera nécessairement, en dernière analyse, soumise à la décision de la justice. Ce que l'on a dit plus haut de la difficulté de vérifier les avaries, on peut le dire encore de la difficulté de reconnaître, dans l'encombrement des gares ou pendant la livraison si rapide à domicile, les signes apparents de l'avarie.

On n'aura donc, dans beaucoup de cas, donné aux destinataires qu'une satisfaction illusoire. La porte sera ouverte à la réclamation pour savoir si l'avarie était ou non apparente ; mais transporteurs et destinataires seront engagés dans des instances qui nécessiteront une décision préjudicielle, avant que le fond soit abordé, avant que la question de responsabilité et de dommage soit examinée. A quoi bon ces circuits et ces actions compliquées? Si la fin de non-recevoir disparaît, il faut ouvrir largement les portes du prétoire. Pourquoi lier le juge par avance, lorsqu'il doit statuer sur ces questions de fait? Il ne peut apprécier avec pleine équité les conséquences de ces faits que si ses appréciations sont libres. En ces matières, une conviction consciencieuse sera la meilleure base de sa décision.

Aussi bien, pourquoi innover ? Et, dès que l'on reconnait l'imperfection de la règle consacrée dans l'article 105, pour le commerce terrestre, pourquoi ne pas recourir aux règles adoptées par le commerce maritime (art. 435 et 526 du Code de commerce) ? Il convient d'autant plus de le faire que si au moment de la rédaction du Code de commerce une différence a été faite entre la livraison des marchandises transportées par mer et celle des marchandises transportées par voitures, la raison en est incontestablement la suivante : le transport par terre n'avait lieu que pour des quantités minimes ; le voiturier et le destinataire entraient en relations directes. Souvent, après la livraison faite et le prix reçu, le voiturier disparaissait, sans laisser de représentant. La vérification immédiate était possible ; elle pouvait être nécessaire. Tout autres étaient les conditions du commerce maritime. Les arrivages étaient déjà nombreux, les livraisons se faisaient par masses. Au milieu de l'agitation un peu fébrile du débarquement, la vérification était sommaire ; le bateau transporteur était au port : il y relâchait quelque temps un jour au moins. On a jugé alors qu'il était nécessaire d'autoriser, après vérification plus complète, la protestation dans les vingt-quatre heures. Or, actuellement, la grande majorité des transports se fait par les chemins de fer et dans des conditions telles qu'elles peuvent être assimilées, au point de vue de la difficulté de vérification, à celles où se faisaient, au commencement du siècle, les transports par mer.

Il y a donc lieu de généraliser les règles de l'article 435 du Code de commerce.

Toutefois, en appliquant ces règles, il a paru utile d'allonger le délai de protestation et de le porter à quarante-huit heures. L'article 436 s'applique à des négociants toujours représentés au lieu de la livraison et à des transporteurs qui peuvent reprendre immédiatement la mer. Le destinataire du colis livré par la Compagnie du chemin de fer peut être absent, et à son retour, il n'aurait que quelques heures pour vérifier et protester. De plus, si, dans un port, l'officier ministériel est à portée de ceux qui ont besoin de son assistance, il en sera souvent autrement dans la commune où se trouve la station qui a opéré la livraison.

Il importe que la vérification contradictoire ait lieu sans retard. Dès que la protestation aura été signifiée, si cette vérification n'intervient pas à l'amiable, elle devra être faite par un expert que désigne le juge de paix. C'est l'extension de la règle posée par l'article 106, avec cette différence que le juge de paix, plus rapproché du justiciable, sera compétent, au lieu du président du tribunal de commerce.

Il était inutile de dire que les protestations et réserves nécessaires pour faire obstacle à la fin de non-recevoir résultant de la réception de la marchandise et du payement du prix du transport, au cas d'avarie ou de perte partielle, ne peuvent trouver place au cas de perte totale, puisque, dans ce cas, il n'y a pas de réception possible. Il suffit qu'alors l'action en responsabilité contre le voiturier soit intentée dans le délai imparti par la loi pour l'exercice des actions auxquelles peut donner lieu l'inexécution des conditions du contrat de transport.

Voici la vérification faite ; les parties ne peuvent se mettre d'accord ; le transporteur ne doit pas rester indéfiniment exposé à l'action du destinataire. Leur intérêt commun exige une solution rapide. La Commission a pensé qu'il suffirait d'accorder un délai d'un mois pour l'exercice d'une action que la protestation et la vérification dans les quarante-huit heures ont préparée. Il suffit d'une lettre échangée entre l'expéditeur et le destinataire pour que celui-ci soit fixé sur le bien ou sur le mal fondé de sa réclamation.

Le litige en justice est engagé ; une autre question plus grave se présente : son examen s'imposait à la Commission. A qui incombera le fardeau de la preuve ? Quelles présomptions devront guider le juge, soit en faveur du voiturier, soit en faveur du destinataire ?

Sans doute, la perte ou l'avarie signalée après la livraison ne peut engager la responsabilité du voiturier qu'autant qu'elle lui est imputable, c'est-à-dire qu'autant qu'elle est survenue pendant que la marchandise transportée était sous sa garde. La preuve de cette imputabilité est, d'après la règle générale, à la charge du destinataire, qui est demandeur, et sous la garde duquel est passée la chose. La Commission n'a pas pensé qu'il fût nécessaire de formuler sur ce point une disposition expresse.

Tout en reconnaissant que le voiturier ne pouvait être responsable des avaries survenues depuis la livraison, on a soutenu, cependant, qu'à raison de la brièveté du délai écoulé entre la réception par le destinataire et la notification de sa réclamation, les avaries ou la perte constatées devaient être survenues pendant le transport, dont ce bref délai devait, en quelque sorte, être considéré comme la prolongation : on en concluait que le destinataire ne cessait pas de pouvoir se prévaloir de l'article 103 du Code de commerce, qui déclare les voituriers garants des avaries autres que celles qui proviennent du vice propre ou de la force majeure, sans que le destinataire ait aucune preuve à faire contre le voiturier auquel incombe, au contraire, la preuve du vice propre ou de la force majeure. On ajoutait que mettre à la charge du destinataire la preuve que l'avarie était survenue antérieurement à la livraison, c'était, contrairement au droit commun de l'article 103, intervertir les rôles et lui imposer la preuve de la faute du voiturier, preuve dont il était dispensé par cet article. Enfin, on faisait observer qu'exiger du destinataire la preuve que l'avarie n'était pas survenue depuis la réception, c'était exiger de lui une preuve négative, qu'il lui serait tellement difficile de faire que le bénéfice qu'on voulait lui assurer par les modifications apportées à l'article 105 serait plus apparent que réel, et souvent illusoire.

Ces considérations n'ont pas convaincu la Commission. En premier lieu, la responsabilité du voiturier, en ce qui touche les avaries et la présomption de faute établie par l'article 103, qui dispense le destinataire de toute preuve à l'appui de sa réclamation, suppose que le voiturier a conservé la garde de la chose ; c'est parce qu'il en a conservé la garde qu'il doit la rendre intacte, lors donc qu'il a cessé d'avoir la garde de la chose, dont le destinataire a pris livraison, il continue bien à être responsable de la chose, dans les termes de l'article 103 pour tout ce qui s'est passé antérieurement à cette prise de livraison, mais il n'est pas responsable de ce qui s'est passé depuis. Il suit de là que, si le destinataire réclame pour des avaries constatées depuis la prise de livraison, et depuis que la chose a cessé d'être sous la garde du voiturier, pour passer sous sa garde, à lui, destinataire, il faut qu'il commence par prouver que la chose ne lui a pas été livrée intacte, et qu'elle était déjà, au moment de la livraison, atteinte de l'avarie dont il se plaint. Ce n'est pas là intervertir les rôles ; le destinataire n'a pas à prouver la faute du voiturier ; mais le fait de l'authenticité de l'avarie doit être établi. Ce fait acquis, l'article 103 conserve toute sa force, et le voiturier demeure responsable, à moins qu'il ne prouve que l'avarie provient de la force majeure ou du vice propre de la chose.

En second lieu, quelque court que soit le délai, il est impossible de le considérer, par une sorte de fiction, comme faisant partie du temps employé au transport de la chose, et d'assimiler, au point de vue de la responsabilité, le temps où la chose était sous la surveillance du voiturier et le temps où il ne peut plus la surveiller. Enfin, il ne s'agit pas de mettre à la charge du destinataire la preuve d'un fait négatif, mais bien celle d'un fait positif, à savoir la preuve de l'état dans lequel se trouvait la chose, au moment où, après la livraison, elle a été vérifiée.

Dans l'état actuel de la législation, le destinataire qui a reçu la chose transportée et payé le prix du transport est absolument déchu ; d'après les modifications proposées, il ne sera pas déchu, mais le bien fondé de sa réclamation devra être justifié, et le voiturier ne peut être laissé à sa discrétion.

Toutefois la Commission a pensé qu'il était préférable qu'aucune règle absolue ne fût formulée, qu'aucune présomption prévue par la loi ne vînt entraver la libre appréciation que le juge devra faire des circonstances du transport, des constatations de l'expert, et même, dans certains cas, de la moralité des parties.

II. **Actions pour retard.** — Les articles 435 et 436 du Code de commerce ne s'appliquent qu'aux actions pour avaries ou pertes, non aux actions pour retard. Cela résulte du texte, et l'on conçoit, en effet, que, si, dans le cas de manquants ou d'avaries, les vérifications à faire sont urgentes, les mêmes déchéances ne s'imposent pas, lorsque l'action est basée sur un retard dans l'arrivée de la marchandise.

La déchéance de l'article 105, quand on l'applique au cas du retard, se justifie d'autant moins qu'elle est alors moins nécessaire, puisque les vérifications à faire ne consistent que dans une supputation de délais.

On a fait deux objections:

On a dit que ce serait ouvrir la porte à une foule de réclamations, qui ne seraient basées sur aucun préjudice réel : la réponse est que le succès de l'action est toujours subordonné à la preuve du préjudice.

On a objecté, en droit, qu'à moins de réticences qui engageaient la responsabilité des compagnies, les conditions de délai peuvent être appréciées dès le moment de la réception. Ici, deux réponses : la première c'est que le calcul des délais est loin d'être toujours aussi aisé à faire qu'on le suppose ; il ne suffit pas, comme on le prétend, de l'inspection de la lettre de voiture ; on ne peut refuser au destinataire le temps de se renseigner.

La seconde réponse, c'est que, quand même le destinataire sait, à n'en pas douter, que les délais de transport ont été dépassés, on ne peut le soumettre à la nécessité d'aggraver par son refus de prendre livraison le préjudice que lui cause déjà le retard. Et cependant, les compagnies, en refusant d'accepter des réserves, le placeraient dans cette alternative ou de refuser, malgré le besoin qu'il a des marchandises, la livraison tardivement offerte, ou de renoncer, par le payement du prix de transport, à tout recours ultérieur.

Mais, dit-on, si les compagnies se conformaient exactement à l'article 103 du Code de commerce dans leur lettre de voiture, quant à l'indication du délai de transport, toute difficulté serait écartée. Aussi a-t-on demandé qu'elles soient tenues de mentionner ce délai avec précision et a-t-on proposé de sanctionner cette obligation pour une disposition d'après laquelle, faute de se conformer à l'article 103, les actions pour retard ne seraient prescrites que par trente ans.

L'obligation pour les compagnies existe déjà ; il n'y a donc, de ce côté, rien à innover. Quant à la sanction, elle ne paraît pas devoir être admise. Ce serait perpétuer bien au-delà de ce qui est nécessaire, des actions qui peuvent être utilement exercées dans les délais proposés. Rien ne justifie une telle différence entre le cas d'indications erronées et le défaut absolu d'indications.

L'obligation résulte de l'article 49 des cahiers des charges de 1857-59.

Cet article commence par assurer la régularité des transports, en prescrivant de les effectuer sans tour de faveur, dans l'ordre des inscriptions faites à la gare de départ, sur des registres *ad hoc*, où doit être également mentionné le prix total dû pour transport.

Et l'article ajoute : « Toute expédition de marchandises sera constatée, si l'expéditeur le demande, par une lettre de voiture, dont un exemplaire restera aux mains de la Compagnie, et l'autre aux mains de l'expéditeur. Dans le cas où l'expéditeur ne demanderait pas de lettre de voiture, la compagnie sera tenue de lui délivrer un récépissé, qui énoncera la nature et le poids du colis, le prix total du transport et le délai dans lequel ce transport devra être effectué. »

Voilà donc l'obligation réglementaire nettement établie ; mais il n'est pas toujours aisé de contrôler immédiatement les indications portées sur les récépissés. Les délais sont fixés par l'article 50 des cahiers des charges, l'arrêté ministériel du 12 juin 1866 et les cahiers des charges ou tarifs homologués particuliers à chaque Compagnie.

Il y a lieu de tenir compte et de la distance, et de la transmission d'une ligne à l'autre, et de la nature des tarifs à appliquer (généraux ou spéciaux), et de la classification des marchandises, toutes circonstances qui influent sur les délais.

Bien que l'on tende manifestement à plus d'uniformité, le résultat est encore loin d'être atteint. Au milieu de ces complications de tarifs, les erreurs sont donc possibles. C'est précisément parce que et les employés des Compagnies et les particuliers peuvent hésiter, que des délais sont nécessaires pour permettre aux particuliers de se plaindre des retards. Il ne suffirait donc pas d'obliger les Compagnies, par une disposition plus stricte, à mentionner le délai de transport sur la lettre de voiture ou le récépissé. Les erreurs n'en seraient pas moins fréquentes. Or on sait que les tarifs homologués sont obligatoires et pour les Compagnies et contre elles ; ils font la loi entre elles et le public ; ni directement, ni indirectement, il ne peut y être dérogé. Les indications erronées, quant aux délais, ne privent pas les Compagnies d'user des délais réglementaires. Les particuliers doivent donc avoir le droit de se faire restituer contre ces erreurs. Ils rencontrent dans la législation existante quelques entraves, et les modifications proposées aux articles 105 et 108 du Code de commerce ont précisément pour but de les mettre à même de le faire utilement.

Aussi, presque tous les corps consultés ont-ils été d'accord pour reconnaître qu'il était juste et nécessaire d'accorder un délai court, mais suffisant, au destinataire pour intenter une action en dommages-intérêts pour retard et qu'aucune protestation n'était nécessaire pour la conservation de cette action. Le retard ne peut être reconnu et constaté que par des calculs dont la vérification est presque toujours difficile au moment de la réception et du payement.

La Commission a adopté cette opinion et a pensé que le délai d'un mois pouvait être imparti, pour l'exercice de l'action.

III. Actions en restitution de taxes. — Les prix des transports par chemin de fer ne peuvent être librement débattus, mais sont réglés par des tarifs homologués, qui sont la loi des compagnies comme des particuliers.

D'une part, les compagnies ne peuvent, ni directement ni indirectement, conférer à certains expéditeurs le bénéfice de tarifs réduits, qui rendraient pour d'autres la concurrence impossible. De là leur droit, quand, pour une cause quelconque, la taxe a été incomplètement appliquée, de réclamer des suppléments de taxe, et il est à noter que les actions en surtaxe ne sont soumises à aucune prescription particulière.

D'autre part, les particuliers ne peuvent être obligés de subir les applications de taxes qui seraient excessives ; de là leur droit d'exercer, en ce cas, la répétition de l'indû, au moyen d'actions dites en détaxe.

Mais, parmi ces actions, il y a à faire une distinction : ne sont-elles fondées que sur la rectification de simples erreurs de calcul, elles ne sont soumises à aucune prescription particulière, et la rectification peut en être demandée à une époque quelconque, nonobstant la réception des marchandises et le payement du prix réclamé pour le transport. Aux erreurs de calcul proprement dites, la jurisprudence assimile avec raison les erreurs intervenues dans l'application des tarifs, telles que, erreurs sur le classement des marchandises, sur la distance réellement parcourue, ou sur la quotité des frais accessoires.

Cette jurisprudence ne fait que se conformer à l'art. 541 du Code de procédure civile ; car on peut dire que, dans les hypothèses qui viennent d'être citées, il y a bien erreur, faux ou double emploi, dont la rectification doit pouvoir être demandée, à la seule condition d'en signaler l'objet précis.

N'en devrait-il pas être de même, quand, par exemple, le destinataire prétend que la Compagnie était tenue, au lieu d'appliquer le tarif général, d'appliquer un tarif commun spécial à prix réduit, ou quand il maintient qu'une faute a été commise, en faisant suivre à la marchandise une direction qui n'était pas la plus courte ? N'y a-t-il pas là, au même titre que précédemment, erreur, faux ou double emploi ? La jurisprudence, cependant, a admis des solutions différentes.

Suivant elle, quand la contestation porte sur les conditions mêmes du contrat de transport, ce qui s'entend du tarif qui devait être appliqué, ou sur une faute commise dans le mode d'exécution de ce contrat, ce qui s'entend de la direction qu'on a fait suivre à la marchandise, la fin de non-recevoir de l'article 105 s'opposerait à toute réclamation, c'est ce qui résulte des deux arrêts de la Cour de cassation du 25 avril 1877.

En admettant que la distinction faite par les arrêts de 1877 soit juridique, elle ne laisse pas que d'être subtile. Dès lors, quant à l'extension de l'article 105 faite par ces arrêts, le commerce objecte que la nécessité d'enlever immédiatement les marchandises dans les gares ne permet pas, à ce moment, de reconnaître les erreurs qui, à raison de la nombreuse variété des tarifs, ne peuvent être découvertes que par un examen parfois assez prolongé. Ces critiques sont incontestablement fondées, et l'on doit d'autant moins hésiter à les accueillir qu'aucune prescription spéciale n'est opposable aux Compagnies qui réclament des suppléments de taxe.

Il faut, en effet, reprendre ici les observations présentées plus haut, en ce qui concerne les actions pour retard. Les compagnies sont tenues, en vertu de l'article 49 des cahiers des charges, d'indiquer, dans la lettre de voiture ou dans le récépissé le prix total du transport. Mais les erreurs sont inévitables, et cependant comme les tarifs homologués sont obligatoires, les indications erronées faites, en ce qui concerne les prix de transport, ne s'opposent pas aux actions en supplément de taxe.

Il importe, par conséquent, que les particuliers soient eux-mêmes relevés de forclusions contraires à l'équité, et, comme il n'est que juste que la situation des Compagnies et la leur soit égale, la même prescription à laquelle seraient soumises les actions en détaxe devrait atteindre aussi les actions en surtaxe.

Ce système, en même temps qu'il aura pour effet de relever de la déchéance dont elles étaient frappées les actions en détaxe auxquelles la jurisprudence appliquait l'article 105, aboutirait à abréger et la durée des actions fondées sur des erreurs de calcul ou sur les erreurs qui leur étaient assimilées et aussi la durée des actions en supplément de taxes. Mais il est naturel que les règlements des transports deviennent promptement définitifs ; la prescription peut donc être abrégée sans inconvénient, pourvu qu'elle soit la même pour tous.

On sait qu'aux termes de l'article 108 actuel, toutes actions contre le commissionnaire et le voiturier, à raison de la perte ou de l'avarie des marchandises, sont prescrites après six mois, pour les expéditions faites dans l'intérieur de la France et après un an pour celles faites de l'étranger ; le tout à compter pour les cas de perte, du jour où le transport des marchandises aurait dû être effectué, et pour les cas d'avaries, du jour où la remise des marchandises aura été faite sans préjudice du cas de fraude ou d'infidélité.

En présence de la déchéance absolue prononcée par l'article 105 tel qu'il est aujourd'hui rédigé, déchéance qui permettait rarement au destinataire d'exercer utilement son action, il n'y avait aucun inconvénient à laisser pendant six mois ou un an le voiturier sous le coup d'une action qui peut-être était déjà éteinte autrement que par la prescription ; mais, de même que la Commission a pensé que, si l'article 105 était modifié dans un sens qui permettrait au destinataire de conserver son action, malgré la réception des marchandises et le payement du prix de la voiture, l'action ainsi conservée devrait être exercée dans un très court délai, elle a pensé aussi que, pour toutes les actions autres que celles pour avaries, perte partielle ou retard, il importait également que voituriers et destinataires ne restassent pas trop longtemps exposés à la menace d'une réclamation que le réclamant lui-même a intérêt à former promptement, si elle repose sur un fondement sérieux. Elle vous propose donc de réduire à deux mois, pour les expéditions faites dans l'intérieur de la France et à six mois, pour les expéditions faites de l'étranger ; la prescription, pour toutes actions résultant du contrat de transport et autres que celles pour avaries ou retard. La facilité des communications entre les diverses parties de la France et du monde lui ont fait considérer ce double délai comme suffisant.

Il suffira, d'ailleurs, d'introduire dans l'article 108 modifié, quant au délai, une disposition aux termes de laquelle la prescription établie par cet article serait applicable à toutes les actions auxquelles pourrait donner lieu l'inexécution des conditions du contrat de transport, pour que les actions en détaxe y soient comprises comme toutes les autres. Cette même prescription s'appliquera aux actions du voiturier contre l'expéditeur. La prescription des actions auxquelles donnerait lieu l'inexécution des conditions du contrat de transport aura pour point de départ, comme celle des actions pour avaries, le jour de la remise de la marchandise.

..

En dehors des cas à l'occasion desquels la commission vient de proposer des dispositions modificatives des articles 105 et 108, il en est encore un sur lequel elle croit utile d'appeler votre attention.

L'article 108 frappe d'une prescription de courte durée l'action du destinataire contre le voiturier et le commissionnaire de transports, disposition que votre Commission vous propose d'étendre à tous les cas d'inexécution des conditions du contrat de transport. Mais, lorsqu'il y a eu plusieurs voituriers ou commissionnaires qui se sont successive-

ment transmis la marchandise, quels sont la durée et le point de départ de la prescription de l'action en garantie formée par le voiturier ou le commissionnaire actionné au
principal par le destinataire, contre un des voituriers ou commissionnaires intermédiaires ?

Il est constant, en effet, que le commissionnaire de transport, ou le voiturier, contre
lequel le destinataire dirige une action en responsabilité, a une action récursoire en
garantie contre les intermédiaires auxquels il imputerait le dommage ou la perte, ou
l'inexécution du contrat. On reconnait généralement que cette action récursoire, qui pro-
cède de la même cause que l'action principale, c'est-à-dire du contrat de transport, est
soumise à la même prescription. Mais on cesse d'être d'accord, quand il s'agit de déterminer le point de départ de cette prescription. A-t-elle le même point de départ que la
prescription de l'action principale formée par le destinataire, c'est-à-dire en cas de perte,
le jour où le transport de la marchandise aurait dû être effectué, et, en cas d'avarie, ou
d'inexécution des conditions du contrat, le jour où la remise de la marchandise aura
été faite ?

A-t-elle, au contraire, pour point de départ le jour où la demande principale, formée
contre le garanti, a mis celui-ci en demeure de former une action récursoire contre le
garant ? La jurisprudence de la Cour de cassation, après avoir hésité sur la question,
s'est prononcée définitivement dans le premier sens, en jugeant, le 11 novembre 1872,
que la prescription de six mois, édictée par l'article 108, s'applique à l'action récursoire
du commissionnaire contre le commissionnaire intermédiaire comme à l'action de l'expéditeur ou du destinataire contre le commissionnaire; et qu'en conséquence ce dernier
doit exercer son action récursoire dans le délai de six mois, à partir du jour où les marchandises ont été ou ont dû être livrées, à quelque moment qu'il soit d'ailleurs actionné
par l'expéditeur ou le destinataire.

Si cette solution peut trouver sa justification dans les termes absolus de l'article 108
actuel, et dans cette considération que le commissionnaire ou le voiturier intermédiaire
aurait pu être actionné directement par le destinataire ou l'expéditeur, et aurait dû
l'être, dans ce cas, dans le délai de six mois, il n'en est pas moins vrai que le commissionnaire ou le voiturier contre lequel a été dirigée l'action principale n'a intérêt et, par
conséquent, action contre les intermédiaires, qu'autant qu'il est actionné lui-même et
que, dès lors, aucune prescription ne peut courir contre une action récursoire qui n'est
pas ouverte.

La Commission croit donc qu'il est à la fois plus juridique et plus équitable d'ajouter
à l'article 108 une disposition aux termes de laquelle le délai de la prescription ne
courra pour les actions récursoires en garantie que du jour de l'exercice de l'action
principale contre le garanti.

Elle a pensé, toutefois, qu'il était inutile de reproduire ici la distinction entre les cas
où l'expédition a été faite de l'intérieur de la France et ceux où elle a été faite de
l'étranger. Il s'agira toujours d'actions intentées en France, et, alors même que le garant
réside à l'étranger, l'assignation pourra être remise à son représentant ou au parquet,
dans le même délai que s'il résidait en France.

Elle doit, en terminant, vous signaler spécialement la proposition de loi déposée le
29 janvier dernier, à la Chambre des Députés, par MM. Huguet et Dubois. Cette proposition a été l'objet d'un rapport sommaire préparé par la Commission d'initiative, dont
la conclusion était la prise en considération. Cette proposition a pour but de modifier
l'article 105, en ce qui concerne les actions en détaxe, et de consacrer légalement le droit
de vérification du destinataire. Les solutions les plus générales, adoptées par la Commission, auraient pour effet de donner complète satisfaction aux auteurs de la proposition.

A raison des considérations ci-dessus exposées, la Commission a l'honneur, Monsieur
le Garde des Sceaux, de vous proposer de soumettre à l'examen du pouvoir législatif la
modification des articles 105 et 108 du Code de commerce.

La Chambre des Députés n'a pu, au cours de la dernière législature, aborder la discussion du projet en séance publique. Le rapport déposé par M. Bisseuil, dans la séance
du 29 mars 1881, concluait à l'adoption des dispositions proposées par le Gouvernement
sous réserve de quelques modifications qui ne portaient aucune atteinte au principe qui
avait inspiré le projet. C'est ainsi que, sur l'article 105, la Commission proposait de dire
expressément que le délai de deux jours, après lequel l'action contre le voiturier pour
avaries et pertes partielles est frappé de déchéance, ne court pas pendant les jours
fériés. De même encore, elle spécifie que la protestation qui conserve l'action peut être
faite par voie extrajudiciaire.

Dans l'article 108, la Commission substituait des délais de trois mois ou de six mois
aux délais de deux ou quatre mois proposés par le projet pour la prescription des actions nées du contrat de transport. Elle indiquait d'autre part expressément le point de
départ de la prescription, non seulement dans le cas où la marchandise a été remise,
mais aussi dans celui où elle a été offerte.

Les modifications ainsi proposées n'altéraient point l'économie générale du projet. En
nous inspirant des considérations qui pouvaient justifier ces changements de rédaction,

nous n'hésitons pas à nous les approprier et nous avons, en conséquence, l'honneur de vous demander votre approbation pour le projet dont la teneur suit. (*Voir ce texte à la fin de notre étude*).

2°. Rapport fait par M. Gaillard (Puy-de-Dôme), au nom de la commission chargée d'examiner le projet de loi.

(Chambre des Députés. — Annexe n° 1160. — Séance du 21 octobre 1886).

Les différends qui peuvent survenir entre le transporteur d'une marchandise et le destinataire sont réglés par la section IV du titre VI du Code de commerce intitulé *Du voiturier* (art. 103 à 108).

L'article 103 établit la responsabilité du voiturier.

Les articles 105 et 108 règlent la procédure imposée au destinataire pour la validité de ses réclamations, ainsi que les délais dans lesquels elles doivent être produites. Voici ce texte :

« *Art.* 105. — La réception des objets transportés et le paiement du prix de la voiture éteignent toute action contre le voiturier.

« *Art.* 108. — Toutes actions contre le commissionnaire et le voiturier, à raison de la perte ou de l'avarie des marchandises, sont prescrites, après six mois, pour les expéditions faites dans l'intérieur de la France, et après un an, pour celles faites à l'étranger; le tout à compter, pour les cas de perte, du jour où le transport des marchandises aurait dû être effectué, et pour les cas d'avarie, du jour où la remise des marchandises aura été faite ; sans préjudice des cas de fraude et d'infidélité. »

Il faut rapprocher immédiatement de ces prescriptions si rigoureuses pour le destinataire les conditions différentes qui lui sont faites lorsque sa marchandise lui parvient par voie maritime. Les articles 435 et 436 du Code de commerce (Du commerce maritime) sont alors applicables.

L'article 435 énumère les diverses actions qui sont non recevables, s'il n'y a pas eu protestation ou réclamation; l'article 436 est ainsi conçu :

« *Art.* 436. — Ces protestations et réclamations sont nulles, si elles ne sont faites et signifiées dans les vingt-quatre heures, et si, dans le mois de leur date, elles ne sont suivies d'une demande en justice. »

Nous ferons immédiatement deux observations qu'il est utile de noter. Tout d'abord on remarquera que, tandis que les articles 105 et 108 imposent au destinataire soit la déchéance immédiate, soit des délais de prescription de six mois et d'un an, le destinataire qui reçoit par navire reste armé de tous ses droits, tant qu'il n'est point atteint par la prescription trentenaire.

Puis nous constaterons la différence du traitement imposé au destinataire dans le cas où sa marchandise lui arrive par voie terrestre ou fluviale, et dans le cas où elle lui parvient par voie de mer, et où il peut, par conséquent, invoquer l'article 436 cité plus haut. Dans ce dernier cas, plus de déchéance immédiate, et vingt-quatre heures pour produire les protestations ou réclamations. Ce seul rapprochement suffirait à légitimer les vœux du commerce français tout entier au sujet des modifications à apporter aux articles 105 et 108 du Code de commerce.

Nous devons nous demander tout d'abord comment le législateur a pu être amené à régler ainsi d'une manière toute différente les conditions du transport suivant qu'il a été effectué par la voie terrestre ou fluviale, ou bien par la voie maritime. C'est dans l'examen des conditions dans lesquelles s'effectuaient les transports dans l'un et l'autre cas, au moment où le code a été rédigé, qu'il faut chercher les raisons qui l'ont déterminé; et nous devons insister en passant sur ces considérations qui sont de nature à expliquer et à justifier les textes nouveaux que nous proposerons à votre approbation.

Nous devons remonter jusqu'en 1807, et constater d'abord que la législation n'a, depuis cette époque, subi aucune modification. Au commencement de ce siècle, tous les transports à l'intérieur s'effectuaient par les voituriers ou par la batellerie fluviale. On l'a fait remarquer avec raison, le voiturier était presque toujours et à part quelques entreprises fortement organisées, un humble personnage; le public se composait en *majorité de négociants pouvant et sachant se faire rendre justice. En un mot, le transporteur était le faible, l'expéditeur était le fort, et la loi remplissait son but en protégeant celui-là.*

Quant au contrat de transport, il était rédigé par l'expéditeur. Le voiturier débattait son prix ainsi que les conditions de chargement et de déchargement, les délais, l'indemnité due pour cause de retard.

C'est ainsi qu'était établie la lettre de voiture, dont les formes sont réglées par l'article 102. Donc, pas de discussion possible sur le prix, sur le retard, sur l'indemnité qui doit en résulter, tout cela était prévu d'avance, stipulé sur la lettre de voiture, formant contrat entre l'expéditeur et le voiturier, et remise, à l'arrivée, au destinataire.

Le destinataire pouvait facilement s'assurer par la lecture de la lettre de voiture, que toutes les stipulations de ce contrat de transport avaient *été* remplies ; et pour les cas d'avarie, les conditions mêmes dans lesquelles s'effectuaient matériellement le déchargement et la livraison de la marchandise donnaient toute garantie au destinataire. Nous trouvons ici la justification du traitement différent stipulé par l'article 436 (Commerce maritime).

Voici, sur ce point, les termes mêmes du rapport adressé à M. le Garde des Sceaux au nom de la grande Commission extra-parlementaire instituée au Ministère de la Justice avec le concours des Ministres du Commerce et des Travaux publics :

« Si, au moment de la rédaction du Code de commerce, une différence a été faite entre « la livraison des marchandises transportées par voiture, la raison en est incontestable- « ment la suivante : le transport par terre n'avait lieu que pour des quantités minimes ; « le voiturier et le destinataire entraient en relations directes. Souvent, après la livrai- « son faite et le prix reçu, le voiturier disparaissait sans laisser de représentant. La « vérification immédiate était possible ; elle pouvait être nécessaire. Tout autres « étaient les conditions du commerce maritime. Les arrivages étaient déjà nombreux, « les livraisons se faisaient par masses. Au milieu de l'agitation un peu fébrile du « débarquement, la vérification était sommaire ; le bateau transporteur était au port ; il « y relâchait quelque temps, un jour au moins. On a jugé alors qu'il était nécessaire « d'autoriser, après vérification plus complète, la protestation dans les vingt-quatre « heures. »

Nous aurons fréquemment l'occasion de revenir, au cours de ce rapport, sur ce remarquable travail, et, si nous n'en adoptons pas absolument toutes les conclusions, dans tous leurs termes, nous nous appuierons sur la haute autorité qu'il tire de la composition même de cette Commission extra-parlementaire pour bien établir que les principes que nous défendons, en même temps qu'ils répondent au vœu unanime du commerce, ont été adoptés par les représentants les plus autorisés des trois départements de la Justice, des Travaux publics et du Commerce.

Depuis 1807, la législation commerciale n'a, sur le point qui nous occupe aujourd'hui, subi aucune modification. Depuis quatre-vingts ans, les textes sont restés immuables ; et cependant, il s'est produit, pendant cette période, un fait économique qui a modifié profondément l'importance et le régime des transports, au point qu'on peut affirmer que l'histoire commerciale du monde entier n'offre pas d'exemple d'un changement, d'une révolution aussi considérable. Je veux parler de la construction des chemins de fer, qui donnera au XIXe siècle son véritable caractère économique. Et c'est précisément cette modification radicale apportée par les chemins de fer au régime des transports qui rend aujourd'hui insuffisante la loi qui, au début, avait réglé avec équité toutes les difficultés survenant lors de la réception des marchandises, et protégé efficacement les intérêts du destinataire.

Le changement s'aperçoit tout d'abord dans l'état des parties en présence. Au lieu de *l'humble voiturier*, selon la citation reproduite plus haut, le destinataire a, en face de lui, une de nos grandes Compagnies de chemins de fer, puissante, riche, fortement organisée pour l'étude et la poursuite de ses affaires litigieuses. La situation de 1807 est retournée. C'est le transporteur qui est le fort, c'est le destinataire qui est le faible.

Puis, la lettre de voiture, ce contrat du transport dressé par l'expéditeur lui-même qui en débat les règles et conditions, accompagnant la marchandise, remise au destinataire auquel elle indique clairement les délais, les indemnités pour retard, le prix convenu, etc., ce titre minutieusement décrit par l'art. 103, dont l'existence avait justifié jadis les prescriptions des art. 105 et 108, il a disparu.

Il est remplacé par deux pièces tout à fait distinctes. La déclaration d'expédition, dans laquelle l'envoyeur inscrit son adresse, celle du destinataire, la description de la marchandise à transporter s'il y a lieu, une indication relative au tarif, et qu'il signe seul, pour la remettre à la Compagnie qui la garde.

La seconde pièce est le *récépissé*, que dresse la Compagnie *seule*, à l'exclusion de l'expéditeur, qui n'en a jamais connaissance. Ce bulletin porte toutes les indications de tarif, de prix ; c'est lui qui accompagne la marchandise, c'est lui seul qui est remis au destinataire, contre le paiement du prix ; le destinataire ne voit jamais la *déclaration d'expédition*, qui reste entre les mains de la Compagnie.

Et c'est sur le vu de ce *récépissé* présenté par la Compagnie que le destinataire doit, sur l'heure, vérifier le prix du transport, calculer les délais. S'il reçoit la marchandise et paie le transport, il tombe sous le coup de l'art. 105, et il est déchu de tout droit de réclamation, soit pour avarie ou perte partielle, soit pour retard, soit pour fausse taxe, soit pour erreur de direction. Pour tous ceux d'entre nous qui ont essayé une seule fois la vérification d'un prix de transport au moyen des tarifs publiés par les Compagnies, nous croyons la cause gagnée ; l'impossibilité d'une vérification instantanée paraît démontrée, et, par conséquent, il est établi que les rigueurs de l'art. 105, fort explicables lorsque le destinataire n'avait qu'à lire les conditions inscrites dans la lettre de voiture, aboutissent aujourd'hui dans la pratique à un véritable déni de justice.

Il faut signaler aussi cet autre grief si vivement exposé dans presque toutes les délibérations des Chambres de commerce. Avec les chemins de fer, disaient-elles, plus de prix nettement débattus, et quelle situation désavantageuse faite au destinataire !

« Le prix de transport n'était plus une convention librement discutée de part et
« d'autre, une pure transaction modifiée à l'infini au gré des parties : les tarifs homolo-
« gués par l'administration supérieure devenaient des lois qu'il fallait subir.

« Nul n'étant censé les ignorer, si l'expéditeur n'avait pas acquitté complètement le
« prix fixé par le tarif, de par la loi, le transporteur réclamait le paiement intégral
« d'après le tarif qui aurait dû être appliqué. En revanche, si le transporteur avait
« perçu une somme trop forte ; si, contrevenant aux clauses du contrat, il avait appli-
« qué un tarif onéreux ou suivi la voie la moins avantageuse ; si, après déballage, la
« marchandise se trouvait avariée, l'expéditeur recevait à toutes les réclamations, de
« par la loi, la fin de non-recevoir suivante : « *La réception des objets transportés et*
« *le paiement du prix de la voiture éteignent toute action contre le voiturier* » (arti-
« cle 105, section III). A cela, pas de réplique. Plaidez si vous voulez ; mais, quel que
« soit votre bon droit, le tribunal ne peut vous donner gain de cause. »

En ce qui touche les avaries de route, la situation était devenue plus grave encore.
Voici comment s'exprimait le rapporteur de la Commission parlementaire :

« Les conditions dans lesquelles s'effectuent aujourd'hui les transports, la multiplicité
« des objets transportés, la célérité nécessaire imposée aux transporteurs et exigée par
« les expéditeurs ou les destinataires, sont dans la plupart des cas, un obstacle à la vé-
« rification immédiate et à la constatation de l'état de la marchandise, au moment de
« la livraison et du payement du prix du transport, payement sans lequel la livraison,
« dont le destinataire peut avoir un besoin urgent, ne serait pas effectuée.

« S'agit-il de marchandises livrables en gare, au moins pour toutes celles expédiées
« sous emballage, la vérification en gare est impossible ; la jurisprudence écarte la fin
« de non-recevoir, s'il y avait encombrement à la gare ; mais elle ne se préoccupe pas
« de la nature des marchandises, qui rendrait le plus souvent l'ouverture et la vérifi-
« cation des colis plus dommageable que ne peut l'être le risque d'une réception pure
« et simple.

« S'agit-il de marchandises livrables à domicile, le destinataire n'a le choix que de
« recevoir ou de refuser les colis, attendre leur ouverture ne pourrait que difficilement
« être imposé aux Compagnies à cause de l'activité incessante que réclament les livrai-
« sons. La vérification sommaire du conditionnement extérieur est seule possible, mais
« non celle d'avaries intérieures, dues à des chocs, à l'humidité, etc. »

La vérité est qu'on peut être plus affirmatif encore que ne l'a été la Commission, et
dire qu'en fait la faculté de vérifier les marchandises à l'arrivée à cette condition que
cette vérification sera instantanée sous peine de déchéance, est une faculté à peu près
illusoire. Au milieu de ce mouvement considérable des transports, les livraisons doivent
être rapides, débarrassées des entraves qui seraient la conséquence d'une vérification
sérieuse à l'arrivée des marchandises ; tout retard est un obstacle au développement des
affaires ; c'est une cause d'erreurs, d'encombrements, d'avaries nouvelles. Les Compagnies doivent apporter dans la manutention des marchandises autant de précision que
de rapidité ; le commerce comprend qu'il a le plus grand intérêt à ne point gêner la
liberté de leurs mouvements, et il se garde, en cherchant à remédier aux inconvénients
que nous signalons, de susciter aux Compagnies des embarras et une gêne dont il
serait le premier la victime. C'est pourquoi les Chambres de commerce ont été unani-
mes à réclamer non pas une vérification incompatible avec la rapidité exigée dans les
livraisons, mais une modification à l'article 105, et le traitement qui est assuré au commerce maritime par l'article 436 que nous avons cité plus haut.

Il est facile de comprendre, d'après ce que nous venons de dire, comment les inconvénients que nous avons signalés ont dû s'accroître avec le développement des transports
par voie ferrée : et, après la prodigieuse reprise des affaires qui a suivi de près les dé-
sastres de la dernière guerre, l'état des choses était devenu tel qu'il ne pouvait être to-
léré plus longtemps, et qu'une campagne de protestation générale était commencée dans
le but d'arriver à une modification de la législation existante.

Le commerce a tout d'abord naturellement tenté de demander aux tribunaux le redressement des torts dont il souffrait. Les termes formels de l'article 105 étaient d'une
netteté trop rigoureuse pour laisser place à l'appréciation par le juge des circonstances
de la cause. De plus, les Compagnies, fortement organisées, avec des services de contentieux de premier ordre, réunies en syndicats, concentraient leurs efforts en toute cir-
constance pour faire fixer une jurisprudence si favorable à leurs intérêts. Si minime
que fût l'affaire, jamais elles ne laissaient passer une décision défavorable sans la porter
en cassation, et chaque fois les tribunaux de commerce qui avaient voulu juger en équité
voyaient réformer leurs jugements.

Il nous paraît indispensable de reproduire ici *in extenso* un mémoire présenté il y a
quelques années devant la Cour de cassation par la Compagnie d'Orléans lors d'un
pourvoi contre une décision d'un tribunal de commerce. On y trouvera l'exposé précis
des prétentions de toutes les Compagnies sur le point qui nous occupe ; on est bien
obligé de reconnaître que l'argumentation est rigoureuse, que les Compagnies ont su
tirer de l'article 105 les conséquences extrêmes ; et, quand nous aurons ajouté que la
Cour de cassation a dû reconnaître et sanctionner la légalité de ces prétentions, nous

aurons fourni à notre avis la raison déterminante des modifications que nous avons l'honneur de vous proposer.

Voici ce document :

« Rappelons d'abord, d'une part, quelles sont les conséquences de la fin de non-recevoir édictée par l'article 105 du Code de commerce, d'autre part, quelles sont les actions auxquelles ladite fin de non-recevoir est opposable.

« *Comme toute fin de non-recevoir, la fin de non-recevoir de l'art. 105 a pour conséquence évidente par cela seul qu'elle est opposable, de mettre le voiturier à l'abri, sans aucun examen du fond, même des actions qui seraient les mieux fondées.* Nous ne rappelons cette vérité trop naïve, que parce qu'elle est parfois méconnue dans des affaires de ce genre, et que, notamment dans notre espèce, la question de la recevabilité a été confondue avec celle du bien fondé de l'action. *Nous n'aurons donc pas à rechercher si la Compagnie d'Orléans a, ou n'a pas commis de faute, mais seulement si la faute qu'elle a pu commettre est de celles que couvre l'art. 105.*

« Quelles actions contre le voiturier sont éteintes par le payement et la réception sans réserves ? Toute action, répond l'article 105. Il ne saurait y avoir de formule plus générale et plus affirmative. Il suffit donc de rechercher les diverses actions auxquelles le voiturier est exposé pour savoir à quelles actions la fin de non-recevoir est opposable. On peut classer ces actions d'après leurs causes en deux catégories. Ou bien la faute du voiturier consiste à *avoir mal exécuté les obligations résultant des conditions du contrat.* Cette première catégorie comprend presque toutes les actions pour retard, perte ou avarie, pour fausse direction donnée à la marchandise. Ou bien la faute, l'erreur du voiturier consiste à *s'être trompé sur les conditions du contrat.* Cette dernière catégorie comprend notamment les actions en détaxe fondées sur ce que la Compagnie de chemins de fer *aurait à tort appliqué un tarif coûteux.* — L'article 105 *n'est pas moins opposable aux actions de cette dernière catégorie qu'à celles de la première.* Que le débat porte sur le mode d'exécution, ou qu'il porte sur l'existence même des conditions du contrat dans un cas comme dans l'autre, *il s'agit d'une faute du voiturier* et cette faute se trouve également couverte par le destinataire qui, en payant et en prenant livraison sans réserves, ratifie à la fois *et l'exécution et l'interprétation* données au contrat.

« On a prétendu cependant refuser au voiturier le bénéfice de l'art. 105 contre les actions en détaxes, sous prétexte que l'article 105 n'est pas opposable aux actions en répétition de l'indû. Mais l'article 105 doit prévaloir, sauf les exceptions que nous indiquerons tout à l'heure sur les articles 1235 et 1376, il fait précisément présumer, par une présomption *juris et de jure,* que le voiturier a bien reçu ce qui lui était dû. Il n'y aurait plus, pour ainsi dire, d'art. 105, si l'action en répétition de l'indû était toujours recevable. Les actions en détaxe, proprement dites, ne seraient pas les seules à en profiter. L'action du destinataire en remboursement du prix de transport afférent à un manquant, n'est-elle pas aussi une action *de indebito* ? Cependant tout le monde reconnaît que l'article 105 lui est opposable. — Aussi la Chambre civile n'a-t-elle pas hésité à juger que l'article 105 est opposable aux actions en détaxe, « soit que l'action se fonde « sur une faute qui aurait été commise dans le mode même d'exécution du contrat de « transport, par exemple, une fausse direction donnée à la marchandise (Civ. Cass., « 25 avril 1877, C⁰ du Nord, Delhon, D. 77, 1,199, Bull. n° 64; Civ. Cass., 2 juillet 1879. « C¹⁰ du Midi contre César Martin), soit que l'action porte sur l'existence des conditions « mêmes du contrat de transport intervenu entre les parties, » par exemple le choix à faire entre le tarif général et un tarif spécial à prix réduit (Civ. Cass., 25 avril 1877, C⁰ du Nord. Gouron, D. 77, 1, 199, Bull. n° 64).

« *Deux exceptions seulement sont et doivent être admises* : La première, quand il s'agit de *redresser une erreur matérielle de calcul* : car la ratification du destinataire ne couvre pas une pareille erreur qui doit toujours être réparée (2053 C. civ. 511 P. Civ.). La seconde, quand il s'agit d'une erreur dans l'application des tarifs, d'une erreur de tarification ; par exemple, la Compagnie a taxé et le destinataire a payé suivant un *tarif légalement inapplicable à la nature de la marchandise transportée, inapplicable quelle qu'ait pu être la convention des parties* (Ch. civ., Cass., 15 décembre 1876, C¹⁰ d'Orléans contre Fougères et C¹⁰). Il ne peut être question en pareil cas, les tarifs étant des lois d'ordre public, de ratification par le destinataire, ni par suite de fin de non-recevoir contre son action ou celle de l'expéditeur.

« *Voilà les deux seules exceptions que comporte la disposition absolue de l'art. 105* (arrêts précités du 25 avril 1877).

« Ajoutons, pour terminer ces généralités, qu'une condition essentielle de l'article 105, c'est que le destinataire ait agi ou du moins ait pu agir en connaissance de cause. On sait que, malgré la prise de livraison sans réserves, l'action est recevable si, par le fait du voiturier, la vérification de l'état de la marchandise a été impossible. De même, l'action sera recevable, malgré le payement du prix sans réserve, si, par le fait du voiturier, le destinataire n'a pu vérifier la taxe réclamée ; par exemple, si le récépissé n'indiquait pas le tarif appliqué. On sait, d'ailleurs, que de pareilles impossibilités de vérification ne se présument pas ; et qu'il faut, pour que l'article 105 reste opposable, que le juge constate en fait l'obstacle apporté par le voiturier à la vérification. »

Ainsi, ces principes qui vont jusqu'à couvrir de la prescription les actions en détaxe dirigées contre la compagnie et jusqu'à leurs propres fautes servent aujourd'hui de base à la jurisprudence de la Cour de cassation en cette matière.

Il est intéressant de faire connaître le sentiment de la Cour de cassation sur cette jurisprudence. Ce n'est pas sans hésitation et sans regrets qu'elle en est arrivée, sous la pression impérieuse de l'article 105, à la sanctionner.

Tout d'abord, elle a établi que la déchéance de l'article 105 n'était encourue qu'à la condition de l'existence *simultanée* des deux conditions qu'il prévoit, à savoir la *réception* des objets transportés et le *payement* du prix de la voiture. Depuis longtemps déjà, ce point important est acquis et incontesté.

Il est permis d'affirmer que c'est à contre-cœur que la Cour de cassation a persisté dans les rigoureuses interprétations de l'article 105, jusqu'au point d'établir que la prescription couvrait même *la faute* du voiturier. Nous en trouvons la preuve dans un document récent. Dans une affaire Gassier, contre la Cie P.-L.-M. (Réclamations contre une fausse direction donnée à la marchandise, 10 mai 1886), M. l'avocat général Charrins s'exprimait ainsi :

« Mais, lorsque cette Compagnie se trompe de direction ; lorsqu'elle fait suivre à la marchandise un itinéraire autre que celui qui devait être suivi ; lorsque — comme dans l'espèce qui nous occupe — elle fait passer par Paris des marchandises qui devaient passer par Is-sur-Tille et Laon, alors il y a *faute* dans l'exécution du contrat de transport, et le payement du prix de la voiture éteint toute action contre le voiturier : l'art. 105 est revendicable.

« Certes, Messieurs, la Cour partage avec moi le sentiment qu'il est regrettable d'être, de par la loi existante, obligé de juger de la sorte en équité. Malheureusement nous n'avons point à faire œuvre de législateurs : nous ne pouvons, en ce moment, que faire l'application rigoureuse de la loi telle qu'elle existe actuellement, et cette loi, selon moi, précise que l'article 105 est applicable au profit de la Compagnie dans le cas où, comme aujourd'hui, elle a commis une *faute*, non pas une *erreur*, dans l'exécution du contrat de transport.

« A ce propos, il m'est agréable d'annoncer à la Cour que le Parlement s'occupe à l'heure présente de modifier la rédaction de l'article 105 et d'atténuer la rigueur de cette déchéance.

« Il est certain que l'article 105 de demain ne sera pas l'article 105 d'aujourd'hui : alors vous aurez à appliquer une nouvelle jurisprudence plus en rapport avec l'équité.

« Mais aujourd'hui vous n'avez qu'à apprécier si la Compagnie a, par la fausse direction donnée à ces expéditions, commis une *faute* dans l'exécution du contrat de transport. Dans l'affirmative, vous admettrez le pourvoi de la Compagnie Paris-Lyon-Méditerranée, et casserez le jugement du Tribunal de commerce de Draguignan. »

C'est alors, et devant cette impossibilité absolue d'obtenir une modification de la jurisprudence, que la campagne, pour la modification de l'article 105, a pris une intensité nouvelle.

La comparaison de notre législation avec celle des pays voisins rendait les protestations des Chambres de commerce françaises encore plus ardentes.

L'exposé des motifs (pages 7, 8, 9, 10) nous fait jeter un coup d'œil d'ensemble sur la plupart des législations étrangères, et il conclut ainsi :

« De cet exposé des législations étrangères, il résulte que la législation française sera bientôt la seule qui attache une déchéance absolue à la réception de la marchandise et au payement des prix de transport. »

On peut dire que jamais campagne ne fut menée par les représentants légaux du commerce et de l'industrie française avec une unité de vues plus parfaite, avec une ardeur plus persévérante. Toutes les Chambres ont constaté la nécessité d'une modification de l'article 105 faisant cesser les déchéances imposées jusqu'à ce jour au destinataire. Les divergences de vues ont porté sur les délais à accorder pour la vérification à l'arrivée, sur la durée des prescriptions dictées par l'article 105. Mais sur le principe même de la protestation contre l'état de choses actuel, contre les rigueurs à l'article 105, l'accord a été complet.

Un grand nombre de Chambres syndicales du commerce (Cette, Le Havre, Lyon, Nancy, Nantes, etc., etc.) prirent part à ce mouvement. Le Gouvernement était saisi de la question, d'une part, directement par les Chambres de commerce, et, d'autre part, par le renvoi ordonné par la Chambre des Députés des pétitions des Chambres syndicales aux Ministres des Travaux publics, de la Justice, de l'Agriculture et du Commerce. C'est alors que fut constituée, sous la présidence du Garde des Sceaux, une grande Commission extra-parlementaire composée de représentants des Ministères de la Justice, des Travaux publics, du Commerce et de l'Agriculture, et qui reçut mandat d'étudier les graves difficultés qui résultent pour les relations commerciales de l'application de l'art. 105 du Code de commerce aux transports par chemins de fer, et d'indiquer les modifications de nature à remédier au mal dont se plaignaient avec tant d'unanimité tous les représentants du commerce et de l'industrie française.

C'est le remarquable travail de cette Commission qui a servi de base au projet du Gouvernement. L'exposé des motifs de ce projet le reproduit *in extenso*. Il est impossible de mieux établir le bien fondé des réclamations des négociants français et de conclure avec plus de force à la nécessité absolue de faire cesser la déchéance imposée par l'art. 105. Parmi les documents nombreux réunis par cette Commission et que nous avons consultés, nous devons faire mention spécialement de l'avis des corps judiciaires et des Facultés de droit. De cette consultation se dégage nettement cette opinion, que nous avions fait pressentir dans la citation faite plus haut d'un arrêt de la Cour de cassation : c'est que la modification de l'art. 105 sera bien accueillie par tous les magistrats chargés de l'appliquer, et qu'il n'est pas un seul tribunal demandant le maintien pur et simple de l'état de chose actuel; ajoutons que la Cour de cassation a proposé, pour le nouvel art. 105, une rédaction qui prouve bien, par la nature et le nombre des réserves stipulées en faveur du destinataire, à quel point elle se préoccupait d'améliorer une situation devenue intolérable.

Les Facultés de droit se sont prononcées dans le même sens. Leurs avis, résumés par les soins de M. le Garde des Sceaux, diffèrent entre eux par les délais stipulés, par les moyens indiqués pour remédier aux inconvénients de la législation actuelle. Mais tous concluent en faveur d'une modification conforme aux vœux du commerce français.

Votre Commission, Messieurs, a partagé cette opinion exprimée par toutes nos Chambres de commerce, appuyée de la haute autorité du corps judiciaire, dont nous avons rapidement résumé la consultation, et elle a décidé à l'unanimité que la déchéance radicale, absolue, édictée par l'article 105 devait disparaître de notre Code de commerce.

Pour éclairer la décision de la Chambre, qui aura à se prononcer sur les propositions de la Commission, nous devons ici faire connaître, sur la question, l'opinion des Compagnies de chemins de fer. La grande Commission extra-parlementaire, dont nous appréciions si hautement le travail, leur avait adressé le questionnaire envoyé aux Chambres de commerce, aux Cours, aux Facultés de droit. Les Compagnies du Nord, du Midi, du P.-L.-M., de l'Ouest et d'Orléans ont fait une réponse identique que nous pouvons résumer ainsi :

Le syndicat des grandes Compagnies affirme que, en réalité, les transports par chemins de fer n'ont pas changé les conditions dans lesquelles les marchandises ont été de tout temps livrées aux destinataires à leur domicile. Il déclare que la faculté de ne recevoir que sous réserves n'est pas contestée par les Compagnies, pourvu que les réserves soient spéciales et explicites et qu'elles s'appliquent à des avaries apparentes. Il conclut au maintien intégral de l'article 105, tant pour les cas de retard que pour ceux de perte ou avarie.

En ce qui touche la question des détaxes, les Compagnies admettraient, après la livraison de la marchandise et le payement des frais de transport, qu'un délai fût accordé, à l'expiration duquel seraient prescrites, *aussi bien contre elle que contre le public*, toute action en matière de taxes.

Elles saisissent cette occasion de faire remarquer que l'article 103 actuel contient une lacune inexplicable. Il ne vise que les cas de perte ou d'avarie et ne parle pas des retards. Il en résulte que les actions pour retard bénéficient de la période trentenaire de prescription, tandis que les actions pour perte ou avarie plus importantes par leur nature et plus difficiles à constater, sont prescrites dans le délai de six mois. Elles demandent le même délai de prescription pour les demandes en dommages-intérêts basés sur un retard.

En résumé les Compagnies réclament une modification à leur avantage en ce qui touche le délai de prescription en matière de retard, et elles ont trouvé partout des dispositions favorables à cette requête. Elles concèdent le point relatif aux actions en détaxe et reconnaissent ainsi qu'il est inadmissible de leur opposer plus longtemps la déchéance édictée par l'article 105. Mais elles repoussent radicalement toute modification au principe posé par l'article 105, par ce motif que les chemins de fer n'ont absolument rien changé aux conditions matérielles dans lesquelles s'exécutent la réception des marchandises.

Nous avons dit plus haut que votre Commission, comme les Cours et Tribunaux, comme les Chambres de commerce, comme la Cour de cassation, et comme la Commission de 1881 de la Chambre des Députés, avait adopté un avis absolument contraire, et voté à l'unanimité contre le maintien du principe de déchéance absolue inscrit dans l'article 105.

Votre Commission s'est ensuite préoccupée de rechercher pour l'article 105 nouveau une rédaction qui pût donner une juste satisfaction aux désirs du commerce, sans léser les intérêts du transporteur, sans mettre les Compagnies de chemins de fer (puisque ce sont aujourd'hui les grands transporteurs par voie de terre), à la merci des expéditeurs, et surtout sans devenir la source de conflits nombreux. Elle s'est inspirée de cette pensée que quels que fussent les vœux du commerce français, il avait par-dessus tout horreur des procédures longues et inutiles, qu'il demandait pour les différends impossibles à éviter des solutions équitables, mais aussi faciles, promptes, et qu'il repousserait comme un présent funeste des prescriptions législatives dont l'application pourrait avoir pour effet de ralentir la rapidité des livraisons.

C'est dans cet ordre d'idée qu'elle a abordé l'étude du projet du Gouvernement.

Tout d'abord, remarquons que, d'après la jurisprudence même que les Compagnies avaient réussi à faire triompher, la déchéance de l'article 105 couvrait *toutes* les actions auxquelles le voiturier peut être exposé; elle mettait le voiturier à l'abri, sans examen du fond, même des actions qui seraient les mieux établies.

Ce principe de déchéance disparaît, et les nouveaux articles à insérer dans le Code auront pour but de préciser dans quelles conditions seront introduits et jugés les différends qui jadis étaient tranchés contre le destinataire, même sans examen du fond.

C'est ici qu'est apparue la nécessité d'une distinction profonde entre deux sortes de contestations possibles. Si des modifications à l'article 108 pouvaient suffire pour les difficultés nées de l'application des tarifs, par exemple, il en était autrement de cette sorte de contestation qui ne peut se régler que par l'examen immédiat de la marchandise elle-même.

Pour les cas d'avarie ou de perte partielle, la législation doit fournir au destinataire les moyens d'établir le bien-fondé de ses réclamations, et, cela fait, dans le moindre délai possible, lui permettre de prendre possession de sa marchandise et de poursuivre ensuite le redressement du tort que l'expertise aura constaté.

Votre Commission a adopté la distinction posée par l'article 105 du Gouvernement. Cet article ne visera que les cas d'avarie ou de perte partielle, à l'exclusion de tous autres.

Si l'avarie a échappé à l'examen rapide et superficiel fait au moment de la réception, si la lettre de voiture a été payée, il est accordé un délai de deux jours francs au destinataire pour formuler sa protestation. La déchéance ne l'atteint que s'il laisse écouler ce délai sans protester, suivant les formes prescrites.

En choisissant ce délai de deux jours, la Commission a eu pour but d'accorder au destinataire, dans son entier, toute la durée du jour qui suit celui de la réception. Ce délai est celui qui a été proposé par le Gouvernement, par la majorité des Chambres et Tribunaux, par la Cour de cassation, par la Commission parlementaire de 1881.

« L'article 436 n'accorde que vingt-quatre heures, disait M. Bisseuil, mais cet article s'applique à des négociants toujours représentés au lieu de la livraison, et à des transporteurs qui peuvent reprendre immédiatement la mer. Au contraire, le destinataire des objets livrés par la compagnie du chemin de fer peut être absent, et, à son retour, il pourrait être forclos, ou n'aurait qu'un temps manifestement insuffisant, surtout s'il s'agissait de la vérification de nombreux colis. Enfin, si dans un port, l'officier ministériel est à la portée de ceux qui ont besoin de son assistance, il n'en est pas toujours ainsi dans la commune, dans le village où s'opère la livraison par voie terrestre. Un délai de deux jours non compris les jours fériés, a paru à la Commission sauvegarder tous les intérêts en cause. »

Rappelons enfin que sur nos 36,000 communes, 6,000 à peine sont pourvues de gares et peuvent compter sur une livraison rapide; pour les 30,000 autres, nous devions donc tenir compte qu'à partir de la gare destinataire il y a encore un trajet supplémentaire qui peut, en certains cas, dépasser à lui seul le délai de vingt-quatre heures prescrit par l'article 436.

C'est pourquoi votre Commission vous propose d'inscrire à l'article 105 un délai de deux jours francs, pendant lequel le réceptionnaire pourra faire ses réclamations.

Le projet du Gouvernement imposait la protestation par acte *extra-judiciaire*. Votre Commission a jugé qu'il était possible de donner satisfaction à un vœu émis par de nombreux représentants des intérêts du commerce. On a fait observer, en effet, que l'importance des litiges était parfois minime, et que si la procédure débute par un acte relativement coûteux, elle arrivera à écarter les réclamations qu'il eût été équitable de laisser produire et de régler à peu de frais.

Le coût d'un acte simple s'élève, à Paris, à 7 fr. 55 et se décompose ainsi :

Timbre...	1 20
Original...	2 »
Copie...	» 50
Enregistrement...	3 75
Répertoire...	» 10
Total...	7 55

Mais il peut varier suivant le plus ou moins de timbre employé. Les copies et pièces, quand il y en a, sont en plus.

Pour la province, le coût est presque le même, il y a seulement une diminution minime sur les émoluments de l'huissier, par exemple, 1 fr. 80 au lieu de 2 francs, suivant les villes. Mais il y a lieu d'ajouter les frais de correspondance et le transport, si l'huissier n'opère pas dans sa résidence.

Votre Commission a pensé que, tout en laissant le choix à l'intéressé, elle pouvait admettre, soit la notification par acte extrajudiciaire, soit la notification par lettre recommandée, étant bien entendu que c'est le timbre du bureau de départ qui donnera date certaine à la protestation.

Nous avons écarté, après discussion, toute distinction à faire au point de vue de l'application du nouvel article 105 entre les avaries apparentes et les avaries non apparentes. Cette distinction avait été proposée par quelques-uns des corps consultés, elle s'appuyait de l'exemple de plusieurs législations étrangères. Lorsque l'avarie serait apparente, l'ancien article 105 revivrait dans toute sa rigueur, et les facilités nouvelles que le projet de loi à l'étude veut apporter au commerce, le délai pour la constatation de l'avarie ne s'appliqueraient qu'aux cas d'avaries non apparentes.

Si ce qu'on veut appeler *avarie apparente* était une chose à définir d'une manière précise, aisée à constater dans tous les cas et pour tout le monde, la thèse serait séduisante. On aurait ainsi pour une série nettement tranchée de contestations, simplifié la procédure et hâté la solution. Mais, en fait, les choses se passeraient tout autrement, et nous pensons qu'on n'arriverait qu'à augmenter le nombre des procès. Il s'agit, en effet, de deviner l'avarie d'après les traces que les accidents du voyage auront pu laisser sur les emballages. Si, sur l'assignation lancée le lendemain, le transporteur établit qu'il y avait traces d'avaries sur les emballages, il fait tomber l'action du demandeur, car, dans ce cas, la réclamation aurait dû précéder la réception des colis et le payement de la lettre de voiture. Il faudra donc plaider d'abord sur la réalité de *cette avarie apparente*. Le droit de réclamation, comme le disait très bien l'honorable M. Bisseuil, le rapporteur en 1884, se trouverait subordonné, non pas à un fait précis, mais à une appréciation qui devra varier suivant les cas, et qui sera nécessairement, en dernière analyse, soumise à la décision des juges.

Il faudra donc une décision pour savoir si l'avarie était ou non apparente. Il nous a paru inutile de compliquer ainsi l'action. Le juge aura à statuer sur une question de fait ; il faut que ce fait lui soit soumis dans son intégralité, qu'il ait à en apprécier toutes les circonstances.

C'est ainsi que les choses se passent en matière de transport maritime, où aucune distinction n'est établie et n'a jamais été réclamée. Nous ajoutons que l'obligation de vérifier préalablement à la livraison l'état des colis sous peine d'une grave déchéance, serait de nature à gêner considérablement le travail des camionneurs et des facteurs, et qu'à notre avis elle multiplierait les procès et rendrait à peu près illusoires tous les avantages que le commerce est en droit d'attendre du nouvel article 105.

La nouvelle rédaction que votre Commission vous propose pour l'article 105 est ainsi formulée :

« Art. 105. — La réception des objets transportés et le paiement du prix de la voiture éteignent toute action intentée contre le voiturier pour avarie ou perte partielle, si dans les deux jours francs, non compris les jours fériés, qui suivent cette réception et ce paiement, le destinataire n'a pas notifié au voiturier, par acte extra-judiciaire ou par lettre recommandée, sa protestation motivée. »

L'article 105 proposé par le Gouvernement contenait un dernier paragraphe ainsi conçu :

« Dans un même délai, et à défaut d'entente amiable dûment constatée, la vérification des objets transportés devra être faite par un expert désigné sur requête par le juge de paix. »

La Commission supprime ce paragraphe par ce double motif qu'elle le juge inutile et qu'il contient une innovation fâcheuse.

Pourquoi imposer l'intervention du juge de paix alors que jusqu'à ce jour l'article 106 stipule que les experts en pareille matière seront désignés par le président du Tribunal de commerce, ou, à son défaut, par le juge de paix ? Nous avons dépouillé tous les vœux des chambres de commerce, des chambres syndicales ; nous n'avons trouvé aucune trace du désir d'une modification quelconque de l'article 106. Et nous pouvons affirmer, au contraire, que le commerce tient à conserver ces attributions à la juridiction consulaire, qui lui donne toute garantie de compétence et de célérité. La Commission a été unanime à maintenir les dispositions de l'article 106.

Cette modification écartée, nous ne voyons nullement l'utilité du paragraphe en question. Que se passe-t-il, en effet, aujourd'hui ? Lorsqu'un négociant reçoit des marchandises et reconnait qu'elles ont subi des avaries de route, il a recours à l'article 106 du Code de commerce qui est ainsi conçu : 1er paragraphe ;

« En cas de refus ou contestation pour la réception des objets transportés, leur état est vérifié et constaté par des experts nommés par le président du Tribunal de commerce, ou, à son défaut, par le juge de paix, et par ordonnance au bas d'une requête. »

Or, nous avons examiné avec soin la longue suite des doléances présentées par les Chambres de commerce, par la presse, et nous n'y avons trouvé aucune plainte sur l'application de l'article 106. Nous en concluons que toutes les fois que les déchéances de l'article 105 n'étaient pas opposables, les choses se passaient à la satisfaction des parties intéressées et comme l'exige l'équité. Dans la pratique, les experts sont nommés sur-le-champ, les constatations ne subissent aucun retard, le destinataire peut disposer de sa marchandise dans la plupart des cas ; très souvent les différends se terminent à l'amiable sur le rapport de l'expert. S'il y a lieu à un procès, il se continue sur les conclusions du rapport que les parties apprécient à leur point de vue, sans autre embarras matériel que celui que causerait une affaire litigieuse, pour retard par exemple.

L'effet du nouve' article 105 sera purement et simplement de supprimer la déchéance imposée par l'ancienne rédaction. Tout destinataire qui réclamera dans le délai fixé sera dans la même situation que s'il avait réclamé avant le payement du transport et la réception des marchandises.

Nous le répétons, nous n'avons pas voulu lui donner un droit nouveau, nous avons voulu le soustraire à la déchéance de son droit.

Il est inutile aussi de gêner par un nouveau délai imposé, les opérations de l'expertise. Nous n'avons pas cru qu'il fut nécessaire de modifier en cela l'art. 106, et d'apporter une complication nouvelle à une procédure dont l'expérience a permis de constater le bon fonctionnement.

Notre attention a été appelée avant d'arrêter définitivement la rédaction du nouvel art. 105, sur les discussions qui ont eu lieu à la Cour de cassation et qui ont fait l'objet d'un rapport supplémentaire présenté par M. le Président Massé.

Étant admis que les actions contre le voiturier à raison d'avaries ou de pertes partielles peuvent être conservées nonobstant la réception des objets et le paiement du transport, la Cour s'est demandée à la charge de qui, du destinataire qui réclame, ou du voiturier, serait la preuve de l'époque à laquelle l'avarie se serait produite ; en d'autres termes, si c'était au réclamant à prouver que l'avarie était antérieure à la réception, ou au voiturier à prouver qu'elle était postérieure à cette réception.

« La Commission, dit M. le Président rapporteur Massé, avait d'abord pensé que la question ne pouvait pas être douteuse, et que la perte ou l'avarie signalée après livraison ne pouvait engager la responsabilité du voiturier qu'autant qu'elle lui était imputable, c'est-à-dire qu'autant qu'elle était survenue pendant que la marchandise transportée était sous la garde du transporteur ; il allait de soi que la preuve de cette imputabilité était à la charge du destinataire, sous la garde duquel était passée la chose ; et la Commission n'avait pas pensé, ainsi qu'elle l'énonçait d'ailleurs dans son rapport, qu'il fût nécessaire de suivre l'exemple de certaines législations étrangères, en formulant sur ce point une disposition expresse. »

Cette solution a soulevé des objections assez graves pour amener une nouvelle discussion dans la Commission d'abord, puis dans l'Assemblée générale et la Cour.

On a prétendu qu'à raison de la brièveté du délai qui devait s'écouler entre la réception par le destinataire et la notification de la réclamation, les avaries ou la perte constatées devaient être présumées survenues pendant le transport *dont ce bref délai devait, en quelque sorte être considéré comme la prolongation.* Dès lors, le destinataire restait couvert par l'art. 103 qui met à la charge du voiturier la preuve du vice propre et de la force majeure.

On ne saurait, ajoutait-on, exiger du destinataire la preuve que l'avarie n'était pas survenue depuis la réception.

Ce serait lui demander une preuve négative tellement difficile à faire que le bénéfice qu'on veut lui assurer en modifiant l'art. 105 deviendrait à peu près illusoire.

Votre Commission a pensé qu'une telle théorie ne pouvait se soutenir, et, comme la Cour de cassation l'a fait dans son rapport supplémentaire, elle l'a écartée complétement. L'art. 103 du Code de commerce ne se comprend que si le voiturier a conservé la garde de la chose. Nous tenons à citer textuellement les termes du rapport de M. Massé :

« C'est parce qu'il en a conservé la garde qu'il doit la rendre intacte. Lors donc qu'il a cessé d'avoir la garde de la chose dont le destinataire a pris livraison, il continue bien à être responsable de la chose, dans les termes de l'article 103, pour tout ce qui s'est passé antérieurement à cette prise de livraison, mais il n'est pas responsable de ce qui s'est passé depuis. Il suit de là que si le destinataire réclame pour des avaries constatées depuis la prise de livraison et depuis que la chose a cessé d'être sous la garde du voiturier pour passer sous sa garde à lui destinataire, il faut qu'il commence par prouver que la chose ne lui a pas été livrée intacte, et qu'elle était déjà, au moment de la livraison, atteinte de l'avarie dont il se plaint. Ce n'est pas là intervertir les rôles. Le destinataire n'a pas à prouver la faute du voiturier : il a à prouver le fait de l'antériorité de l'avarie ; cette preuve faite, l'article 103 conserve toute sa force, et sans que le destinataire ait rien de plus à prouver, le voiturier demeure responsable, à moins qu'il ne prouve que l'avarie provient de la force majeure ou du vice propre de la chose. On a répondu, en second lieu, que quelque court que fût le délai, il était impossible de le considérer, par une sorte de fiction, comme faisant partie du temps employé au transport de la chose, et d'assimiler, au point de vue de la responsabilité, le temps où la chose était sous la surveillance du voiturier, et le temps où il ne pouvait plus la surveiller. Enfin, on a fait observer qu'il ne s'agissait pas précisément de mettre à la charge du destinataire la preuve d'un fait négatif, mais bien celle d'un fait positif, à savoir la preuve de l'état dans lequel se trouvait la chose au moment où, après la livrai-

son, elle a été vérifiée, et des circonstances concomitantes. Sans doute cette preuve ne
sera pas toujours facile. Mais il suffit qu'elle ne soit pas impossible et qu'elle puisse
être facilitée par les précautions que prendra le destinataire pour que la position de ce
destinataire se trouve améliorée. Dans l'état actuel de la législation, le destinataire qui
a reçu la chose transportée et payé le prix du transport est absolument déchu ; d'après
les modifications proposées, il ne sera pas déchu, mais son action sera soumise à des
conditions qui auront pour but d'empêcher que le voiturier ne soit laissé à la discrétion
du destinataire. Ces conditions qui sont le règlement et non la négation de son droit
n'empêcheront pas sa position d'être devenue meilleure. »

Nous donnons à cette argumentation notre approbation la plus complète. Nous avons
voulu faire œuvre d'équité en faisant disparaître un article du Code qui ne permettait
pas au destinataire de protéger son droit ; nous ne voulons pas mettre le transporteur à
la merci des destinataires de mauvaise foi, et c'est ce qui résulterait infailliblement de
l'admission de ce principe : que ce délai de quarante-huit heures accordé pour les protestations doit être considéré, malgré la présence des objets chez le destinataire, comme
la prolongation du transport, et continuer la responsabilité du transporteur.

Les commerçants ne réclament rien de plus que la suppression de la déchéance, et la
Cour de cassation pouvait affirmer avec raison que la mise à la charge des destinataires
de la preuve de l'antériorité de l'avarie était acceptée par les pétitionnaires eux-mêmes.
Le souci du destinataire de formuler *dès l'arrivée des colis* ses réclamations, restera le
même, car il comprendra que, même dans les étroites limites des deux jours prévus, il
lui sera d'autant plus difficile d'établir l'antériorité de l'avarie qu'il aura conservé plus
longtemps la garde des objets. Dans la plupart des cas, rien ne sera changé en appa-
rence à l'ancien état de chose. La protestation sera immédiate chaque fois que cela sera
possible. C'est l'intérêt évident du protestataire.

Mais si une perte partielle ou une avarie est constatée après réception, ce dernier conserve avec la législation nouvelle le droit d'en demander réparation sans se heurter à la
brutale déchéance qui permettait de repousser jusqu'à l'évidence même.

S'il y a contestation sur l'époque à laquelle est arrivée la perte ou l'avarie, le destinataire sera tenu de prouver que cette perte ou cette avarie est antérieure à la
réception.

La commission a jugé que cette conclusion découlait d'une manière tellement claire
des principes fondamentaux de notre droit et de ceux qui ont inspiré la rédaction
que nous vous proposons, qu'il était inutile d'ajouter à notre article 105 un paragraphe
spécial.

La rédaction de l'article 105 ainsi fixée, et les articles 106 et 107 conservés sans modifications, votre Commission a examiné les propositions du Gouvernement, relatives
aux délais dans lesquels doivent être intentées les actions en matière de transport. Nous
avons reproduit au début de ce rapport le texte de l'article 108 actuel, qui règle ces
délais. Tout d'abord elle a été frappée de cette constatation que les propositions du
Gouvernement abrégeaient considérablement les délais accordés par la législation actuellement en vigueur. En voici le tableau :

ACTIONS POUR	ARTICLE 108 ACTUEL	NOUVEL ARTICLE 108 PROPOSÉ
Avarie...	6 mois	1 mois
Perte partielle...............................	6 —	1 —
Retard...	30 ans	1 —
Perte totale....................................	6 mois	3 —
Actions relatives au contrat de transport.....	30 ans	3 —

Elle a recherché un moyen de simplifier notre législation en adoptant pour toutes les
actions relatives aux transports un délai uniforme, qui serait opposable aux transporteurs comme aux destinataires, qui ferait cesser des anomalies difficiles à justifier, qui
donnerait satisfaction équitable aux désirs du commerce, tout en conservant au règlement des affaires litigieuses une rapidité suffisante, et qui aurait de plus l'avantage de mettre notre législation en harmonie avec la plupart des législations européennes.

Et d'abord quel est donc l'impérieuse nécessité d'imposer cette rapide prescription d'un mois aux actions pour avarie ou perte partielle? Ce qui était urgent, c'était la constatation du fait. Mais une fois l'expertise ordonnée et faite, pourquoi traiter ce genre d'actions plus durement que les autres? Ne peut-on pas supposer que des causes indépendantes de la volonté du demandeur pourront, dans certains cas, amener la déchéance de son droit, par l'impossibilité de déterminer dans ce court délai d'un mois les responsabilités à invoquer, les questions de procédure et de compétence? Il faut du temps pour communiquer à toutes les parties en cause le procès-verbal d'expertise. Ne voit-on pas que si, pour engager l'affaire, un échange de correspondances entre plusieurs co-intéressés est indispensable, ce délai devient absolument insuffisant? Et dans ce cas n'est-il pas aisé de constater que les lois elles-mêmes, en refusant aux parties le temps matériel nécessaire à jeter les bases d'une entente amiable, les aura forcées à engager dans tous les cas le procès pour ne point risquer d'être atteintes par la déchéance?

Ce délai d'un mois était inscrit au projet de loi rapporté en 1834. De nombreuses protestations se sont élevées contre cette réduction à un mois du délai de six mois dont jouissent aujourd'hui les actions pour avarie ou perte partielle. Votre Commission n'a vu aucun motif qui pût la déterminer à modifier ainsi notre législation dans un sens défavorable aux destinataires, et elle a été heureuse de pouvoir, sur ce point aussi, donner satisfaction au commerce français. Il lui a paru également inutile de réduire de six mois à trois mois le délai imposé aux actions intentées pour perte totale de la marchandise; elle a décidé que le délai adopté pour les cas d'avarie et de perte partielle serait applicable aux cas de perte totale, et adopté la stipulation du projet de loi du Gouvernement relative au point de départ de ce délai.

En l'état actuel de la législation, les actions à raison des *retards* ne sont pas régies par l'article 105. Les termes de cet article sont limitatifs quant aux causes qui peuvent donner naissance à l'action. Il y est dit, en effet : « Toutes actions à raison de la perte ou de l'avarie sont prescrites... » De l'action en indemnité pour cause de retard, il n'en est pas question. Or il n'est pas permis de suppléer à la loi, surtout quand il s'agit d'étendre une disposition d'exception. Dans l'état de choses actuel, l'action fondée sur le retard bénéficie du délai trentenaire de prescription.

C'est ici que nous pouvons, sans nuire aux intérêts en cause, donner satisfaction à ce désir très naturel de ne point éterniser les affaires litigieuses, de ne point laisser aux parties le droit de les conserver en suspend pendant un temps pour ainsi dire indéfini. Nous avons décidé de traiter les actions pour retard comme celles qui ont pour cause la perte et l'avarie, et nous avons la conviction que cette disposition nouvelle sera accueillie sans protestation par tous les intéressés.

Nous faisons disparaître du nouvel art. 105 ces mots : « contre le commissionnaire et le voiturier » en vertu desquels la prescription de six mois était opposée à tout destinataire qui réclamait pour avarie, tandis que le transporteur bénéficiait pour ses redressements de la prescription trentenaire. Les Compagnies de chemins de fer elles-mêmes admettent qu'un délai soit accordé, à l'expiration duquel seraient prescrites, aussi bien contre elles que contre le public, toutes actions en matière de taxes. Nous établirons ainsi une réciprocité absolue dont l'équité évidente s'imposait, comme on le voit, même à ceux qui avaient le plus grand intérêt à conserver les privilèges dont ils jouissent sous la législation actuelle. En effet, les actions à raison d'application de tarifs n'étant pas expressément désignées dans l'art. 108, jouissent comme les actions pour retards du bénéfice de la prescription trentenaire. Les Compagnies elles-mêmes y renoncent et admettent la fixation d'un délai de six mois.

Le projet du Gouvernement accorde trois mois seulement. Ce délai a paru insuffisant, et voici comment s'exprime le Comité central des Chambres syndicales :

« L'allongement du délai de prescription nous paraît encore plus nécessaire pour les actions de la deuxième catégorie, c'est-à-dire pour celles qui ont pour cause une erreur ou une faute quelconque commise dans l'exécution du contrat de transport. La grande majorité des commerçants ne vérifie généralement pas les lettres de voiture qu'ils acquittent, et cela, à cause des difficultés que présente toujours cette vérification : lorsqu'ils les vérifient, c'est que, pour une raison ou pour une autre, ils supposent qu'une erreur a été commise à leur préjudice. Assez fréquemment, ce sont des circonstances fortuites qui les éclairent et leur apprennent qu'ils ont payé une somme supérieure à celle qu'ils devaient. Il nous semble donc qu'il conviendrait de leur accorder un délai assez long, afin de permettre à ces circonstances de se produire. D'ailleurs, nous ferons remarquer que les Compagnies de chemins de fer jouiront du même délai et qu'elles auront toujours, sur le commerçant, pour l'exercice de leurs actions en surtaxe, l'avantage que leur procure le fonctionnement régulier d'un service spécialement chargé de vérifier les lettres de voiture.

« Le délai fixé par le projet du Gouvernement est de *trois mois* pour les expéditions faites de France, et de *six mois* pour celles faites de l'étranger ; nous demandons que ce délai soit porté à *une année*, sans distinction concernant la provenance des expéditions. Notre prétention n'a rien d'exorbitant, si l'on compare ce délai d'une année aux délais ordinaires de prescription qui sont accordés par la loi française dans toutes les autres matières. »

Nous estimons que cette argumentation est parfaitement fondée, et nous constatons que la Commission répond aux désirs de tous les intéressés en augmentant le délai proposé par le projet de loi du Gouvernement.

Il résulte des considérations que nous venons de présenter que l'examen approfondi auquel s'est livré votre Commission ne lui a point démontré la nécessité absolue d'avoir pour les diverses natures d'action auxquelles pouvaient donner lieu les contrats de transports des délais *différents*. Elle a vu, au contraire, un avantage évident, une simplification désirée par les intéressés, dans l'adoption d'un délai *unique* pour toutes ces actions. Elle a fait choix du délai de six mois.

Elle n'a pas jugé nécessaire de stipuler un délai différent pour les expéditions entre la France et l'étranger. Le délai de six mois a paru suffisant pour prévoir tous les cas.

Le dernier paragraphe du projet du Gouvernement relatif aux actions récursoires a été adopté sans modification.

Votre Commission a l'honneur de vous proposer d'adopter le projet de loi suivant, portant modification des articles 105 et 108 du Code de commerce (*V. ce texte à la fin des documents parlementaires*).

Annexe. — Législations étrangères.

Le premier projet de loi présenté à la Chambre des Députés le 23 novembre 1881, avait fait l'objet d'un intéressant rapport de M. Bissexil (29 mars 1881), auquel nous empruntons les passages suivants, relatifs aux législations étrangères.

Suisse. — En Suisse, la loi fédérale du 20 mars 1875, sur les transports par chemins de fer, consacre d'une manière générale la déchéance résultant de la réception de la marchandise et du payement du prix du transport, mais elle en excepte formellement les réclamations pour retard, pourvu qu'elles soient formées dans les 8 jours de la réception. Les actions non frappées de déchéance résultant de la réception de la marchandise, accompagnée du payement de la lettre de voiture, sont prescrites au bout d'un an. (Art. 45, 49 de la loi fédérale) (1). Disons encore que la Suisse a pris, il y a une dizaine d'années, l'initiative d'une entente internationale pour l'unification du droit concernant les transports par chemins de fer. Le Conseil fédéral a élaboré un projet de convention internationale dont l'art. 23 édicte la même déchéance que notre art. 105, mais en excepte « les réclamations pour avaries, diminutions et autres dommages qui ne pourraient être exclusivement constatés au moment de la livraison (2) ».

Angleterre. — En Angleterre, le destinataire, pour conserver son recours, doit vérifier en présence du voiturier (*common carrier*) ou devant témoins, lorsque le *common carrier* dûment appelé ne se présente pas, les marchandises reçues, afin de faire constater les avaries. Faute d'avoir rempli cette formalité, le destinataire perd son droit à une indemnité (3).

Allemagne. — Le Code de commerce allemand a, sur le contrat de transport et sur les rapports du voiturier et de l'expéditeur ou du destinataire, des dispositions détaillées, qui ont un caractère plus réglementaire que législatif. Ce qui distingue ce Code c'est qu'après avoir, dans un chapitre, traité du transport en général, déterminé avec précision les devoirs et les droits respectifs des parties, réglé les cas dans lesquels le voiturier est responsable, il traite des transports par chemins de fer, dans un autre chapitre, où se trouvent des règles spéciales sur ce mode particulier de transport, les devoirs et les droits spéciaux qui en résultent, soit pour les compagnies, soit pour le public.

Dans le chapitre 1ᵉʳ du titre V, qui traite des transports en général, se trouve un art. 408 ainsi conçu : « La réception de la marchandise et le payement du prix de la voiture éteignent toute action contre le voiturier. Le voiturier ne peut être actionné, après la réception de la marchandise et le payement du prix de la voiture, que pour fait de perte ou d'avarie non reconnaissables lors de la livraison et qu'autant que la constatation de la perte ou de l'avarie a été requise immédiatement après la découverte; il doit, en outre, être justifié que la perte ou l'avarie remonte au temps qui s'est écoulé entre la remise au voiturier et la livraison par lui effectuée. »

D'après cet article, la réception de la marchandise et le payement du prix de transport n'éteignent donc l'action contre le voiturier que si la perte ou l'avarie sont apparentes au moment de la livraison.

(1) *Annuaire de législation étrangère*, 1876, 5ᵉ année, p. 731.
(2) Georg. Eger. *La Législation internationale sur les transports par chemins de fer*. p. 23.
(3) Coffavru. *Le Droit commercial comparé de la France et de l'Angleterre* p. 174.

Le droit que cet art. 408 réserve au destinataire est réglé par l'art. 423 du chapitre II du même titre qui traite des transports par chemins de fer, en ce sens que, pour le cas d'avaries non apparentes, cet art. 423 autorise des conventions sur lesquelles l'art. 408 garde le silence.

« Il peut être stipulé, dit cet art. 423, que, après la réception de la marchandise et le payement du fret, il n'y a plus lieu à action, pour la perte ou la détérioration de la chose, même lorsque le fait n'était pas appréciables au moment de la livraison et n'a été découvert que plus tard (art. 408, 2° alinéa), si des réclamations à ce sujet ne sont pas adressées à l'administration du chemin de fer dans un délai déterminé après la livraison. Ce délai ne peut être moindre de quatre semaines. »

Il résulte de la combinaison de ces articles 408 et 423 que le voiturier ordinaire reste, sans détermination de délai, exposé à l'action du destinataire pour pertes ou avaries non apparentes, pourvu que l'action soit exercée aussitôt après la découverte à quelque époque que ce soit, à la charge seulement de prouver que la perte ou l'avarie est arrivée pendant que la chose était sous la garde du voiturier, tandis que, en matière de transports par chemins de fer, cette action peut être conventionnellement renfermée dans un délai qui ne peut être moindre de quatre semaines.

Italie. — Le Code de commerce italien de 1865, calqué sur le Code français, après avoir posé dans les articles 82 et 83 le principe de la responsabilité du voiturier, reproduit textuellement dans son article 84 la disposition de notre article 105 : « La réception des objets transportés et le payement du prix de transport éteignent toute action contre le voiturier ».

Mais le Code de commerce actuellement en préparation en Italie, reproduisant une disposition analogue, la complète par une autre disposition, qui se rapproche de celle de l'article 408 du Code de commerce allemand.

La réception des choses transportées et le payement du transport, dit l'article 409 de ce projet, éteignent toute action contre le voiturier. Toutefois, l'action contre le voiturier pour la perte ou l'avarie non reconnaissables au moment de la livraison continue à subsister après la réception de la chose transportée et le payement du transport, si la perte ou l'avarie a été constatée judiciairement, dans les dix premiers jours de la livraison, et s'il est prouvé qu'elle est antérieure à cette livraison. Ces dispositions cessent d'être applicables en cas de dol.

De cet article, il résulte que, comme dans le Code allemand, la réception et le payement n'éteignent l'action que si l'avarie ou la perte sont apparentes. L'action du destinataire subsiste, moyennant certaines conditions, si l'avarie n'est pas apparente. Une disposition particulière donne d'ailleurs, dans ce cas, au destinataire un droit de vérification. « Le destinataire, dit l'article 405, a le droit de vérifier, à ses frais, au moment de la livraison, l'état de la chose transportée, alors même qu'elle ne présente pas des signes extérieures d'avaries ».

A la différence de la législation allemande, le projet du Code italien assimile de la manière la plus complète le transport par chemins de fer au transport qui a lieu par tout autre moyen. « Les stipulations, dit l'article 410 de ce projet, qui excluent ou limitent, dans les transports par chemins de fer, les obligations et les responsabilités établies, sont nulles et de nul effet, alors même qu'elles seraient autorisées par des réglements généraux ou particuliers ».

Belgique. — Le projet de réforme actuellement soumis aux Chambres, en Belgique, présente une grande analogie, avec le projet de Code italien.

L'article 105, actuellement en vigueur, serait complété par une disposition qui autoriserait l'action du destinataire, au cas d'avaries occultes, s'il est prouvé qu'elles sont antérieures à la livraison, et que l'action a été intentée aussitôt après l'avarie.

Le Code de commerce espagnol de 1829, après avoir, dans ses articles 203 à 217, déterminé les conditions et l'étendue de la responsabilité du voiturier, au cas de pertes ou d'avaries, dispose en ces termes, dans son article 219 :

« La réclamation contre le voiturier, pour dommages ou avaries remarqués sur les marchandises, à l'ouverture des colis, doit avoir lieu dans les vingt-quatre heures qui suivent la réception des marchandises, lorsque les signes du dommage ou de l'avarie ne sont pas de telle nature qu'on puisse les reconnaître extérieurement. Après ce délai de vingt-quatre heures, ou après le payement du transport, toute répétition sur l'état dans lequel les marchandises ont été remises, est inadmissible contre le voiturier ».

L'art. 230 ajoute : « Les consignataires ne peuvent différer le payement du transport des marchandises qu'ils reçoivent plus de vingt-quatre heures après la remise effectuée ».

De ces dispositions combinées, il résulte que, lorsqu'il s'agit d'avaries non apparentes, le destinataire a vingt-quatre heures pour payer et réclamer ; mais que, s'il paye avant l'expiration des vingt-quatre heures, il perd à l'instant même le droit de réclamer.

Espagne. — Le Code espagnol ne s'explique, d'une manière expresse, que sur les dommages découverts à l'ouverture des colis, et non sur le cas où il s'agit d'avaries ou de dommages extérieurs ou apparents. Néanmoins, on peut conclure de ces dispositions que la réclamation, en cas de dommages extérieurs et apparents, doit être formée, ou tout au moins réservée, au moment de la réception. On s'occupe de réviser la législation sur cette matière.

Hollande. — Le Code de commerce hollandais, de 1833, pose d'abord le principe de la responsabilité du voiturier, en cas de perte ou d'avarie, dans les art. 91, 92. L'art. 93, qui suit, est ainsi conçu : « La réception des objets transportés et le payement du prix du transport éteignent toute action entre le voiturier pour avarie ou diminution, si le défaut était extérieurement visible. Malgré le payement du prix, l'inspection judiciaire pourra être faite après la réception des effets, si les avaries ou la diminution n'étaient pas visibles extérieurement, pourvu que cette vérification soit demandée dans les quarante-huit heures après la réception et que l'identité des effets soit constatée ».

Comme on le voit, le Code hollandais, plus explicite que le Code espagnol, complète la distinction faite par celui-ci entre les avaries apparentes et les avaries non apparentes, en réglant pour les deux cas la situation du destinataire, que le Code espagnol n'avait réglée, d'une manière expresse, que pour le cas d'avarie non apparente.

Il résulte de cet exposé de l'état des législations étrangères sur la question qui nous occupe, qu'elles repoussent à peu près unanimement le principe de la déchéance absolue, que notre article 105 impose au destinataire qui a reçu la marchandise et en même temps payé le prix de la voiture.

3° Adoption du projet de loi par la Chambre des députés

(Première délibération).

Le texte soumis à la Chambre des députés *(voir à la fin de cette étude)*, fut adopté en première délibération le 22 mars 1887, sans discussion, mais il fut convenu qu'un amendement de M. Leydet serait réservé pour la seconde délibération.

4° Rapport supplémentaire de M. Gaillard.

(Chambre des Députés. — Annexe n° 1739. — Séance du 4 avril 1887).

Messieurs, conformément aux déclarations faites lors du vote, en première délibération, du projet de loi portant modification des articles 105 et 103 du Code de commerce, l'amendement de M. Leydet, réservé pour la deuxième délibération, a été examiné par la Commission.

La première partie de cet amendement porte sur l'article 103 :

« Ajouter après le premier paragraphe : « Ce délai sera de quatre jours francs pour « les destinataires domiciliés en dehors de la commune où se trouve la gare destinataire. »

M. Leydet a été entendu par la Commission. Il a exposé qu'à ses yeux un délai de quarante-huit heures, suffisant lorsqu'il s'agissait d'une localité pourvue d'une gare, devenait tout à fait illusoire si on supposait le cas où le destinataire habite une résidence dépourvue à la fois et d'une gare et d'un bureau de poste.

Il lui a été répondu que, dans le délai de *deux jours francs* indiqué au projet de loi, le jour de la prise de possession des marchandises par le destinataire n'était point compté, pas plus que le jour de la protestation, et, pour préciser, que si une marchandise était retiré de la gare le 15 du mois par exemple, le destinataire avait un délai de deux jours francs, le 16 et le 17, et que sa protestation, pour être valable, devait être formulée le 18, dernier délai.

En conséquence la Commission pense que son texte donne satisfaction, dans tous les cas, aux destinataires, même dans les circonstances exceptionnelles visées par M. Leydet.

Notre collègue a partagé cette opinion et sous le bénéfice de ces observations il retire son amendement.

M. Leydet demandait en outre de porter de six mois à un an le délai de prescription édicté par l'article 108.

Depuis le dépôt du rapport, de nombreuses protestations se sont élevées contre le délai de six mois. Votre Commission les a examinées et discutées. Le Comité central des Chambres syndicales de Paris avait, dès le mois de mai 1886, réclamé le délai d'une année, surtout pour les actions qui ont pour cause une erreur ou une faute quelconque commise dans l'exécution du contrat de transport (Voir le rapport de la Commission *suprà*, page 36 et 37). Les renseignements que la Commission a pu recueillir lui permettent d'affirmer que les compagnies de chemins de fer elles-mêmes, malgré leurs services spéciaux si bien organisés, estiment que ce délai de six mois est insuffisant pour la vérification du nombre prodigieux de lettres de voiture qu'elles soumettent au contrôle.

Il ne faut pas perdre de vue qu'en ce qui touche les actions relatives au contrat de transport et aux retards, le délai nouveau succède au délai légal de 30 ans dont les compagnies jouissaient dans tous les cas, et dont les destinataires bénéficiaient lorsqu'ils avaient évité la forclusion immédiate de l'article 105.

Il faut rappeler que lors du vote sur les conclusions du rapport, lequel portait ce délai à un an, la Commission était à peu près partagée, et que le chiffre de six mois n'a été inséré définitivement qu'à une très faible majorité.

Depuis, les protestations qui nous ont été transmises, et parmi lesquelles nous citerons celle qui émane de toutes les chambres syndicales de Paris, sont venues appeler de nouveau les préoccupations de la Commission sur ce point important du projet.

Les résolutions du Congrès de Berne nous ont paru apporter un argument décisif. Ce congrès, comprenant des représentants des gouvernements d'Allemagne, d'Autriche, de la Hongrie, de la Belgique, de la France, de l'Italie, du Luxembourg, des Pays-Bas, de la Russie, de la Suisse, était chargé d'élaborer une convention internationale sur le transport des marchandises par chemins de fer.

L'article 12 de cette Convention s'exprime ainsi :

« Toute réclamation pour erreur n'est recevable que si elle est faite dans le délai *d'un an* à partir du jour du payement. »

Et l'article 45 dit :

« Les actions en indemnité pour perte totale ou partielle, avarie de la marchandise ou retard dans sa livraison, sont prescrites *par un an*, lorsque l'indemnité n'a pas déjà été fixée par une reconnaissance du chemin de fer, par transaction ou par jugement. »

La commission vous propose d'adopter le délai *d'un an* ; elle ne voit point d'inconvénients sérieux à cette mesure qui donne satisfaction à tous les intéressés, qui met notre législation en harmonie avec la plupart des législations européennes, et qui permettra à notre Gouvernement de donner son adhésion définitive sur ce point aux décisions du congrès de Berne.

A la date du 29 mars, M. le ministre des Travaux publics a adressé à la Commission la lettre suivante :

Paris, le 29 mars 1887.

Monsieur le Président,

En prenant connaissance du rapport présenté à la Chambre des Députés, au nom de la Commission que vous présidez, sur le projet de loi portant modification des articles 105 et 108 du Code de commerce, j'ai été amené à me demander s'il ne conviendrait pas d'insérer dans la loi, une disposition *transitoire* concernant les actions déjà nées au moment où elle entrera en vigueur.

Sans doute, le principe de la non-rétroactivité (art. 2 du Code civil) n'est pas applicable, en général, aux lois qui édictent, comme dans l'espèce, des prescriptions ou déchéances ; et à ce point de vue, il pourrait sembler superflu de déclarer que les dispositions de la nouvelle loi seront applicables aux actions qui seront nées lors de la promulgation de ladite loi. Mais, en pratique, des difficultés pourraient se produire.

Voici, par exemple, une action en détaxe, pour erreur de calculs ou fausse application des tarifs. Cette action, qui n'est actuellement prescriptible que par trente ans, le deviendra par six mois. Or, si ladite action a deux ans de date, quand la nouvelle loi sera promulguée, ne pourrait-on pas alléguer qu'elle doit être considérée comme prescrite, à ce moment même, puisque le possesseur de ladite action aura déjà bénéficié d'un délai bien plus considérable que le délai imparti par la nouvelle loi ?

Quelle que soit la valeur d'un semblable système, il m'a paru qu'il ne pourrait qu'être utile de prévenir toute difficulté, en insérant, dans la loi, une disposition précise, qui aurait, d'ailleurs, l'avantage d'éveiller l'attention des intéressés et de les mettre, en quelque sorte, en demeure d'exercer, pendant qu'il en est temps encore, les actions que la nouvelle loi soumet à une prompte péremption.

M. le Garde des Sceaux, à qui j'avais écrit à ce sujet, m'ayant fait connaître qu'il partageait ma manière de voir, je crois devoir vous prier de soumettre la question à la Commission que vous présidez, et de lui demander d'examiner s'il ne conviendrait pas d'ajouter au nouvel article 105 une disposition ainsi conçue :

« Dans les cas prévus par la présente loi, les prescriptions commencées au moment de la promulgation seront acquises par six mois, à dater de cette promulgation, si d'après la loi antérieure, il reste un temps plus long à courir. »

Agréez, Monsieur le Président, l'assurance de ma haute considération.

Le ministre des travaux publics,
Signé : E. MILLAUD.

Votre Commission a décidé à l'unanimité qu'il y avait lieu de faire droit à la demande du Ministre et le paragraphe additionnel a été inséré à l'article 108.

Nous avons enfin jugé qu'il était bon, comme nous l'a demandé M. Leydet, de prévoir et d'interdire par un paragraphe spécial et précis l'introduction dans les observations imprimées sur les lettres de voitures des stipulations contraires aux prescriptions de la présente loi.

En conséquence, nous vous proposons d'adopter le projet de loi suivant: (*Voir ce texte à la fin des documents parlementaires*).

5° Adoption du projet de loi par la Chambre des députés.

(Seconde délibération).

Le 1er juillet 1887, la Chambre des députés a adopté, sans discussion, en seconde délibération, le texte proposé par la commission, et qui est reproduit plus loin :

Transmis au Sénat, le 15 novembre 1887, ce texte fut examiné par une commission qui présenta le rapport suivant :

6° Rapport de M. Demôle, sénateur.

(Sénat. — Annexe n°76. — Séance du 10 décembre 1887).

Messieurs, le Code de Commerce, après avoir, dans ses articles 103 et 104, réglé la responsabilité des voituriers au cas de pertes, avaries et retards, a édicté, dans son article 105, une disposition ainsi conçue :

« *Art. 105.* — La réception des objets transportés et le payement du prix de la voiture éteignent toute action contre le voiturier. »

Il convient de remarquer tout d'abord que cet article 105 a une portée plus large que les deux articles auxquels il fait suite.

En effet, les cas prévus par les articles 103 et 104 ne sont pas les seuls qui puissent engager la responsabilité du voiturier.

En vertu des principes généraux en matière d'obligation, cette responsabilité est certainement mise en jeu toutes les fois qu'on peut relever contre le transporteur une faute ou même une erreur dans l'exécution ou l'interprétation des clauses et conditions du contrat.

Par exemple, quand le voiturier s'est fait payer un prix supérieur à celui qu'il était en droit d'exiger, une action, dite en répète, est ouverte contre lui.

Eh bien ! l'article 105 s'applique à tout sans exception.

Qu'il s'agisse de pertes, d'avaries, de retards, de sommes payées en trop, ou de toutes actions généralement quelconques dérivant du contrat de transport, la règle est universelle et inflexible :

« La réception des objets transportés et le payement du prix de la voiture éteignent « *toute action* contre le voiturier. »

Et malgré les plaintes et les résistances, cet état de choses, strictement conforme d'ailleurs au texte de la loi, a reçu la consécration d'une jurisprudence qu'aucune considération de fait n'est parvenue à ébranler.

Dans cet état, il est facile de comprendre les réclamations dont les Chambres de Commerce, depuis de longues années, ne cessent de se faire les interprètes.

Les changements que, depuis le Code de 1807, la création des chemins de fer a apportés dans le régime des transports ;

La substitution de Compagnies puissamment organisées aux anciennes entreprises, le plus souvent individuelles, de voitures par terre ou de batellerie fluviale :

L'impossibilité absolue pour le destinataire de se livrer, au moment même de la réception, et de quelque manière que cette opération ait lieu, à une vérification de l'état des objets transportés.

L'impossibilité non moins certaine de vérifier au même moment l'application de tarifs nombreux et compliqués.

L'obligation, pour celui à qui la marchandise est offerte, de ne pas aggraver ses chances de préjudice par un refus de réception et de payement.

L'assimilation qui s'impose aujourd'hui entre les transports par terre et les transports maritimes régis par les articles 435 et 436 du Code de Commerce.

Toutes ces considérations, et d'autres encore, ont été développées et mises en lumière d'une façon tellement irrésistible, qu'il serait sans doute superflu d'y insister davantage.

Votre Commission croit donc avec le Gouvernement et avec la Chambre des Députés que l'article 105 doit être revisé.

Remarquons qu'il ne s'agit pas de supprimer dans tous les cas et d'une façon absolue la fin de non recevoir que cet article fait découler de ces deux conditions réunies : la réception et le payement.

Cette suppression radicale n'est demandée par personne. Non. Il s'agit d'une part, d'affranchir de la déchéance, les cas pour lesquels elle ne peut se comprendre, et d'autre part, pour les autres cas, d'en organiser la mise en œuvre de manière à la ramener à un résultat sérieux, pratique et conforme à l'équité.

Sur le premier point, et sans parler du cas de perte totale où il ne saurait y avoir de réception, on comprend très bien le principe de la déchéance dans le cas de manquants ou d'avaries parce qu'alors, les vérifications à faire étant urgentes, le destinataire doit être tenu de prendre parti et de faire connaître sa prétention dans le plus bref délai possible.

Mais cette déchéance ne se justifie en aucun autre cas.

Que le destinataire qui croit avoir à se plaindre d'un retard dans l'arrivée des objets, ou d'une perception illégitime sur le prix du transport, soit astreint à saisir la justice dans un délai qu'il restera à apprécier, rien ne paraît plus raisonnable. Il est, en effet, de l'intérêt de tous que de semblables contestations ne s'éternisent pas.

Mais il ne faut pas perdre de vue que ces contestations n'engagent que des questions de délais à supputer ou de tarifs à appliquer.

Dès lors où est l'urgence de la vérification ?

Et du moment que le demandeur introduit son action dans le temps que la loi lui aura imparti, que peut-on lui demander de plus ?

Votre Commission estime en conséquence que le principe de la déchéance de l'article 105 ne doit être conservé qu'au cas d'avaries ou de pertes partielles.

Ceci admis — et la déchéance, en tant qu'elle résulte instantanément du seul fait de la réception et du payement, étant unanimement condamnée — il ne s'agit plus que de fixer un délai dans lequel le destinataire qui aura reçu et payé, et qui cependant croira reconnaître des manquants ou des avaries, sera tenu, à peine de forclusion, de notifier sa protestation.

L'article 436 du Code de Commerce, statuant en matière de transports maritimes, fixe à vingt-quatre heures le délai de protestation.

Mais entre les transports maritimes et les transports dont nous nous occupons, il existe, à ce point de vue, une différence que le Gouvernement, dans son exposé des motifs, fait ressortir ainsi qu'il suit :

« L'article 436 s'applique à des négociants toujours représentés au lieu de la livraison
« et à des transporteurs qui peuvent reprendre immédiatement la mer ; le destinataire
« du colis livré par la Compagnie du chemin de fer peut être absent et à son retour, il
« n'aurait que quelques heures pour vérifier et protester. De plus, si, dans un port,
« l'officier ministériel est à portée de ceux qui ont besoin de son assistance, il en sera
« souvent autrement dans la commune où se trouve la station qui a opéré la livraison. »

Le projet fixe, en conséquence, le délai de protestation aux deux jours francs, non compris les jours fériés, qui suivront la réception et le payement.

La Chambre des Députés a adopté ces conclusions. Nous vous proposons pareillement d'y donner votre approbation.

La protestation motivée devra être notifiée au voiturier par acte extra-judiciaire ou par lettre recommandée.

Le projet du Gouvernement ne parlait que de l'acte extrajudiciaire. La Chambre, pour éviter des frais dans des affaires qui ne présentent souvent qu'un mince intérêt, a ajouté « la lettre recommandée. » Nous ne pouvons qu'approuver cette addition.

L'article 105, tel qu'il figure au projet primitif, avait un deuxième alinéa portant : « que dans un même délai, et à défaut d'entente amiable dûment constatée, la vérifica-
« tion des objets transportés devra être faite par un expert désigné sur requête par le
« juge de paix. »

Tout en insérant cette disposition dans le texte qu'il soumettait aux délibérations du Parlement, le Gouvernement entendait conserver l'article 106 du Code de Commerce, dont le premier alinéa est conçu dans les termes suivants :

« *Art.* 106. — En cas de refus ou contestation pour la réception des objets transportés,
« leur état est vérifié et constaté par des experts nommés par le président du Tribunal
« de Commerce, ou à son défaut par le juge de paix, et par ordonnance au pied d'une
« requête. »

Cette disposition — qui, malgré une différence apparente dans les termes, prévoit exactement le même cas que le deuxième alinéa ajouté à l'article 105 par le projet du Gouvernement — nous paraît donner toute satisfaction aux intérêts engagés.

Pourquoi exiger « qu'à défaut d'entente amiable dûment « constatée » l'expertise ait lieu *dans un même délai*, c'est-à-dire probablement dans le délai de deux jours francs à partir de la notification de la protestation du destinataire ?

Qui devra provoquer cette expertise ?

— 43 —

Et quelle sera la sanction de l'inobservation de cette prescription ?

Puisque le voiturier a, tout aussi bien que le destinataire, l'initiative de la vérification, pourquoi ne pas s'en rapporter aux intéressés eux-mêmes pour que cette vérification ait lieu en temps opportun ?

D'autre part, quand les présidents des tribunaux de commerce peuvent nommer eux-mêmes l'expert ou les experts, pourquoi leur enlever cette nomination ?

C'est dans cet ordre d'idées que la Chambre des Députés, jugeant inutile le deuxième alinéa ajouté à l'article 105 par le projet primitif, en a voté la suppression. Nous pensons qu'il y a lieu de maintenir cette décision.

Pour être complets dans nos observations et ne laisser aucun doute sur la portée de l'adhésion que nous vous proposons de donner à la modification de l'article 105, nous devons dire que nous ne saurions admettre que cette modification pût entraîner une interversion dans les règles de droit commun en matière de preuve.

Jusqu'à la réception par le destinataire, le voiturier a la garde et la responsabilité de la chose. Si par conséquent il entend s'exonérer de la garantie qui lui incombe, il lui appartient de prouver que la perte ou l'avarie relevées à ce moment par le destinataire ont eu lieu en dehors de toute faute qui lui soit imputable.

Mais quand la chose a passé aux mains du destinataire, ne fût-ce que pendant les deux jours du délai de protestation, celui-ci devra, par application des mêmes principes, établir que le fait dont il se plaint s'est produit antérieurement à sa prise de possession.

On a essayé de soutenir que le délai de deux jours accordé pour la protestation doit être considéré malgré la présence des objets chez le destinataire, comme la prolongation du transport et continuer la responsabilité du transporteur.

Votre Commission, d'accord avec les énonciations de l'exposé des motifs et du rapport fait à la Chambre, estime que c'est là une fiction inadmissible et dont le résultat le plus certain serait de livrer le voiturier à toutes les entreprises de l'esprit de mauvaise foi.

Nous arrivons à l'article 108 dont la modification vous est également proposée.

Cet article dispose que « toutes actions contre le commissionnaire et le voiturier, à « raison de la perte ou de l'avarie des marchandises, sont prescrites après six mois « pour les expéditions faites dans l'intérieur de la France, et après un an pour celles « faites à l'étranger, le tout à compter, pour les cas de pertes, du jour où le transport « des marchandises aurait dû être effectué, et pour les cas d'avarie, du jour où la remise « des marchandises aura été faite, sans préjudice des cas de fraude ou d'infidélité. »

On voit que le Code de Commerce ne s'était occupé de la prescription que pour les actions auxquelles le voiturier était soumis en cas de pertes et d'avaries.

Toutes les autres actions dérivant du contrat de transport restaient donc soumises à la prescription trentenaire.

Entre autres conséquences, ce système donnait cet étonnant résultat que le destinataire qui avait reçu la marchandise et payé pour le prix de la voiture plus qu'il ne devait était, en vertu de l'article 105, absolument déchu du droit de réclamer ce qu'il avait payé en trop, tandis que le transporteur, avait dans tous les cas, 30 ans pour revenir sur une erreur de taxe commise à son préjudice.

Le Gouvernement a pensé avec raison que cet état de choses appelait une modification.

Son projet proposait de fixer à un mois ou deux mois suivant que les expéditions auraient été faites dans l'intérieur de la France ou de l'étranger (la prescription des actions pour avaries, perte partielle ou retard, et à trois ou six mois (suivant la même distinction) la prescription de toutes les autres actions tant contre le voiturier ou le commissionnaire que contre l'expéditeur ou le destinataire.

La Chambre des Députés est allée plus loin dans cette voie d'uniformisation. Le texte voté par elle supprime la distinction entre les expéditions faites dans l'intérieur de la France et celles faites de l'étranger ; quant à la prescription, elle sera acquise pour toutes actions dérivant du contrat de transport par l'expiration du délai d'un an compté, dans le cas de perte totale, du jour où la remise de la marchandise aurait dû être effectuée et, dans tous les autres cas, du jour où la marchandise aura été remise ou offerte au destinataire, sans préjudice des cas de fraude ou d'infidélité.

Votre Commission pense que cette solution est la meilleure et elle vous en propose l'adoption.

Pourquoi ces délais si courts d'un mois et de trois mois ?

Quel intérêt y a-t-il de forcer les parties à se mettre si rapidement en instance réglée ?

Et n'est-ce pas surtout en ces matières qu'il faut laisser aux intéressés le temps de se reconnaître, de correspondre en vue de s'éclairer mutuellement et d'arriver, s'il est possible, à une entente amiable ?

La recherche des responsabilités encourues, l'étude des questions de procédure et de juridiction peuvent au surplus exiger un temps assez long.

Dans ces conditions, le but à rechercher était de simplifier la législation par l'adoption d'un délai uniforme, applicable à tous les cas et opposable à tous les intéressés

La fixation de ce délai à un an paraît à votre Commission devoir donner satisfaction à tous les intérêts, tout en conservant au règlement des affaires litigieuses une rapidité suffisante.

Nous vous proposons encore de sanctionner de ce chef la décision de la Chambre des Députés.

Le projet qui vous est soumis se termine par trois dispositions.

La première — transitoire — a pour objet de régler le passage de la législation ancienne à la nouvelle.

La seconde fixe le délai dans lequel devront être exercées les actions en garantie.

Ces deux dispositions s'expliquent par elles-mêmes et ne nous paraissent donner lieu à aucun commentaire ni observation.

Il n'en est pas de même de la troisième, laquelle est ainsi conçue :

« Toutes stipulations contraires aux dispositions de la présente loi sont nulles et de nul effet. »

Cette disposition ne figure, ni dans le projet du Gouvernement, ni dans les propositions de la Commission de la Chambre des Députés.

On ne la trouve pas non plus dans le texte adopté par la Chambre en première délibération le 22 mars 1887.

Elle apparaît seulement, mais sans aucune discussion préalable, le 1er juillet lors du vote en 2e délibération.

Votre Commission ne saurait vous en proposer l'adoption.

Cette disposition vise-t-elle le nouvel article 105 ?

Mais pourquoi interdire aux parties le droit de modifier suivants leurs intérêts et convenances le délai de protestation ?

Et si elles conviennent, par exemple, de le reporter à cinq jours, au lieu de deux, en quoi l'ordre public est-il intéressé à cette modification ?

Croirait-on que les Compagnies de chemin de fer introduisissent dans leurs tarifs une clause qui deviendrait de style et qui supprimerait le délai ?

Mais les tarifs des Compagnies de chemins de fer sont soumis à l'homologation. Une clause qui serait la négation flagrante d'un texte de loi ne pourrait y trouver place.

Quant au nouvel article 108, il est sans doute suffisamment protégé par la règle générale écrite en l'article 2220 du Code civil : « On ne peut d'avance renoncer à la prescription. »

Injustifiable au point de vue de l'article 105, inutile au point de vue de l'article 108, telle nous apparaît la disposition finale. Nous vous en proposons la suppression.

Par suite des résolutions ainsi prises à l'unanimité de ses membres, votre Commission a l'honneur de soumettre à votre acceptation le projet de loi ci-après :

Art. 1er. — Les articles 105 et 108 du code de commerce sont remplacés par les articles suivants :

Art. 105. — La réception des objets transportés et le payement du prix de la voiture éteignent toute action contre le voiturier pour avarie ou perte partielle, si dans les deux jours, non compris les jours fériés, qui suivent cette réception et ce payement, le destinataire n'a pas notifié au voiturier par acte extrajudiciaire ou par lettre recommandée sa protestation motivée.

Art. 108. — Toutes les actions auxquelles peut donner lieu le contrat de transport sont prescrites dans le délai d'un an, compté, dans le cas de perte totale, du jour où la remise de la marchandise aurait dû être effectuée, et, dans tous les autres cas, du jour où la marchandise aura été remise ou offerte au destinataire, sans préjudice des cas de fraude ou d'infidélité.

Dans les cas prévus par la présente loi, les prescriptions commencées au moment de la promulgation seront acquises pour un an à dater de cette promulgation, si, d'après la loi antérieure, il reste un temps plus long à courir.

La durée des actions récursoires est d'un mois. Cette prescription ne court que du jour de l'exercice de l'action contre le garanti.

7° Discussion et adoption du projet de loi par le Sénat.

(Séances des 6, 16, 17 et 20 février 1883).

Des modifications et des additions ont été apportées par le Sénat au texte précédemment adopté par la Chambre des députés. — Nous reproduisons ci-après le compte-rendu *in extenso* des délibérations de cette assemblée.

Première délibération.

M. le président. — L'ordre du jour appelle la 1re délibération sur le projet de loi, adopté par la Chambre des députés, portant modification des articles 105 et 108 du Code de commerce.

La parole est à M. le rapporteur.

M. Demôle, rapporteur. — Messieurs, vous avez trouvé dans votre distribution d'aujourd'hui une rédaction du projet de loi dont vous êtes saisis, qui modifie quelque peu la rédaction consignée à la suite du rapport.

Ces modifications ont été arrêtées par votre commission dans sa séance d'avant-hier, après avoir entendu notre collègue l'honorable M. Bozérian.

Je dois au Sénat, au nom de la commission, quelques explications très courtes sur les motifs qui nous ont déterminés à faire ces changements.

Ces changements sont au nombre de trois :

Le premier porte sur le nouvel article 105. J'explique au Sénat que l'ancien article 105, ou plutôt l'article 105 actuel, attachait au seul fait de la réception de la marchandise et du payement du prix de la voiture la déchéance absolue de toute action contre le voiturier. Cet état de choses avait soulevé des plaintes nombreuses. Votre commission s'est trouvée d'accord avec la commission extraparlementaire instituée pour étudier la question, avec le Gouvernement et avec la Chambre des députés, pour vous proposer de décider que, par assimilation avec ce qui se passe pour les transports maritimes régis par les articles 435 et 436 du Code de commerce, le destinataire de marchandises transportées par voie de terre aurait ce qu'on appelle un délai de protestation. Ce délai de protestation, que les articles 435 et 436 fixent à vingt-quatre heures en matière de transports maritimes, nous l'avions porté à deux jours francs. Si vous voulez bien vous reporter à notre rédaction primitive du nouvel article 105, vous verrez qu'il est ainsi conçu :

« La réception des objets transportés et le payement du prix de la voiture éteignent toute action contre le voiturier pour avarie ou perte partielle, si dans les deux jours francs, non compris les jours fériés, qui suivent cette réception et ce payement, le destinataire n'a pas notifié au voiturier par acte extrajudiciaire ou par lettre recommandée sa protestation motivée. »

En vous proposant, messieurs, ce délai de protestation fixé à deux jours francs, nous avions tous la pensée que les deux jours étaient francs dans toute l'acception du mot, c'est-à-dire qu'à partir du jour où la réception et où le payement ont eu lieu, deux autres jours entiers étaient accordés au destinataire pour faire sa vérification, et que, par conséquent, sa protestation était utilement signifiée le troisième jour après la réception ; c'est-à-dire que, si la réception avait eu lieu le 1er février, la protestation pouvait être signifiée le 4, les 2 et 3 étant, je le répète, les jours qui composaient le délai franc qui lui était accordé.

Après réflexion, nous avons pensé que cette formule « dans les deux jours francs » pouvait entraîner quelque difficulté ; que les tribunaux se demanderaient peut-être, au vu de cette rédaction, si le destinataire était fondé, ayant reçu les marchandises le 1er février, à signifier sa protestation le 4 ; et, pour éviter toute difficulté sur ce point, pour trancher définitivement la question de manière à éviter toute contestation, nous vous proposons, par notre nouvelle rédaction, la formule que voici :

« Art. 105. — La réception des objets transportés et le payement du prix de la voiture éteignent toute action contre le voiturier pour avarie ou perte partielle, si dans les trois jours, non compris les jours fériés, qui suivent cette réception et ce payement, le destinataire n'a pas notifié au voiturier par acte extrajudiciaire ou par lettre recommandée sa protestation motivée. »

Voilà, messieurs, la première modification que nous avons l'honneur de vous soumettre.

La seconde a certainement un caractère plus sérieux. Elle porte sur la dernière partie du nouvel article 108. Le nouvel article 108 adopte un délai uniforme de prescription pour toute action généralement quelconque dérivant du contrat de transport, tant au profit du destinataire qu'au profit du transporteur ; il termine par cette phrase qui se trouve déjà dans l'ancien Code de commerce, « sans préjudice des cas de fraude ou d'infidélité. »

Notre rédaction primitive se maintenait dans ces termes. Votre commission n'avait jamais pensé qu'en vous proposant cette mesure nous faisions disparaître l'application du principe général posé par l'article 544 du Code de procédure civile, article en vertu duquel il est toujours possible, à toute époque, de revenir par voie de revision sur les erreurs matérielles, omissions, erreurs de calcul, faux, doubles emplois, qui ont pu se glisser dans un compte. Il nous semblait que cela allait de soi. C'est en relisant l'exposé des motifs du Gouvernement que nous avons trouvé, avec une certaine surprise, cette pensée que la nouvelle rédaction de l'article 108 faisait disparaître l'application de l'article 544 du Code de procédure civile et que, par conséquent, au bout d'un an toute action en revision pour une erreur matérielle, quelle qu'elle fût, devenait absolument impossible.

Ainsi, pour citer un exemple, supposons que dans le compte réglé entre un transporteur et un destinataire la somme véritablement due soit de 500 fr., et qu'à la place du 5 on ait mis un 9 ; que, sans s'en apercevoir, le destinataire ait payé cette somme de 900 fr. Il est incontestable que le transporteur avait dans sa poche une somme de 400 francs qui ne lui appartenait pas et qu'à thèse générale, en vertu des principes généraux du droit, à toute époque le destinataire était fondé à dire au voiturier : « Mais, vous avez 400 fr. à moi ; cela résulte de vos propres écritures ; il faut me rendre ces 400 francs. »

Eh bien, messieurs, vous trouverez, dans l'exposé des motifs, cette pensée, que la fixation uniforme à un an de la prescription de toutes actions dérivant de contrats de transports fait disparaître l'application de l'article 544.

Comme nous acceptions absolument le texte proposé par le Gouvernement d'abord et ensuite par la Chambre des Députés, il nous a paru que nous n'avions pas le droit de laisser subsister cette équivoque, que nous devions tout au moins la signaler à l'attention du Sénat ; et comme votre commission, réunie avant-hier, après avoir discuté la question s'est trouvée, à la majorité de quatre voix contre deux (trois membres étant absents), disposée à vous proposer de maintenir l'application de l'article 544 du Code de procédure, pour marquer cette intention, pour qu'il n'y eût pas là une source de controverses, nous avons ajouté à la fin du nouvel article 108 cette phrase : « Par dérogation aux dispositions de l'article 544 du Code de procédure civile. »

Tel est le second changement que nous avons l'honneur de vous proposer.

Enfin la troisième modification consiste dans une disposition finale qui a pour objet de régler la situation au point de vue de la prescription dans les rapports de l'État avec ceux qui font des transports pour son compte.

Vous savez, messieurs, que l'État n'est pas, en fait, dans la situation des particuliers; qu'il ne peut pas régler au jour le jour et immédiatement chacun des transports qui lui sont faits. Aussi, certains départements ministériels, tout au moins le département de la guerre et le département des finances, ont-ils avec les compagnies de chemins de fer des traités particuliers qui organisent une instruction assez longue pour arriver à la vérification des sommes que l'État peut devoir à ces compagnies. Il y a d'abord une première vérification qui ne porte que sur les chiffres et sur l'exactitude des calculs. Vient après cela le payement d'une certaine partie de la somme réclamée; le surplus est soumis à une vérification minutieuse dans les bureaux ministériels. Quand il y a des objections à faire aux compagnies, on les leur signale et elles peuvent y répondre ; puis la question revient devant le ministre, qui statue définitivement par voie d'ordonnancement de la créance. Cette décision ministérielle est notifiée à la compagnie. Si elle l'accepte, tout est dit ; si elle ne l'accepte pas, elle a le droit de recours devant le contentieux du Conseil d'État.

Dans cette situation, il n'était pas possible de laisser les rapports de l'État avec les transporteurs dans la même situation que les rapports des transporteurs avec les particuliers.

Et alors, pour laisser aux intéressés, c'est-à-dire à l'État et aux compagnies, le temps de vérifier leur situation respective, d'apprécier ce que l'État peut devoir; nous avons établi une prescription particulière que nous formulons dans les termes suivants :

« Dans le cas de transports faits pour le compte de l'État, la prescription ne commence à courir que du jour de la notification de la décision ministérielle emportant liquidation ou ordonnancement définitif. »

Au moyen de ces trois changements, nous croyons, messieurs, avoir rendu la loi plus claire et plus complète. Dans tous les cas, nous avons l'honneur de vous donner ces explications et de vous proposer l'adoption du projet de loi tel que nous l'avons rédigé.

M. le président. — Personne ne demande plus la parole pour la discussion générale ?

Je donne lecture de l'article 105, en réservant la disposition initiale jusqu'au vote des articles modifiés du Code de commerce :

« Art. 105. — La réception des objets transportés et le payement du prix de la voiture éteignent toute action contre le voiturier pour avarie ou perte partielle, si dans les trois jours, non compris les jours fériés, qui suivent cette réception et ce payement, le destinataire n'a pas notifié au voiturier par acte extrajudiciaire ou par lettre recommandée sa protestation motivée. »

Quelqu'un demande-t-il la parole sur cet article?

M. Léon Clément. — Je la demande, monsieur le président.

M. le président. — La parole est à M. Clément.

M. Léon Clément. — Messieurs, je désirerais poser, au sujet de l'article 1er, une question à la commission. Il est bien entendu que le texte nouveau reste dans les données du texte ancien, c'est-à-dire que la fin de non-recevoir ne sera opposable que lorsqu'il y aura les deux circonstances de la réception de la marchandise et du payement du prix. Il est important cependant de faire observer que, même sous l'empire du texte nouveau, le destinataire aura intérêt à contester immédiatement. Car s'il ne conteste pas immédiatement, s'il reçoit la marchandise, s'il paye le prix de la voiture, quel que soit le peu de temps qui s'écoule entre sa protestation et la réception, on pourra lui dire : L'avarie est arrivée chez vous. Et alors, il sera obligé de prouver que l'avarie est antérieure à la réception.

Je crois que cette observation était importante à faire, car il ne faut pas que le public se trompe, que le destinataire croie que la loi nouvelle, en lui donnant des facilités qu'il n'avait pas jusqu'à présent, le laisse, s'il use de ces facilités, dans la même situation.

Non ; le destinataire prudent, le destinataire qui voudra assurer absolument l'efficacité de son action, la responsabilité *juris et de jure* du voiturier, devra protester immédiatement ; s'il ne le fait pas, il s'expose à ce qu'on lui dise que l'avarie est arrivée chez lui. Et alors, il sera dans la nécessité de prouver que l'avarie est antérieure à la réception.

Je tenais à faire cette observation parce qu'il faut que les principes soient bien posés; il faut que le public ne se trompe pas sur l'étendue de la loi nouvelle. Je crois que la commission est tout à fait du sentiment que je viens d'exprimer...

M. Munier. — C'est dans le rapport.

M. Léon Clément. — Oui, mais enfin il était bon que ce point-là fût parfaitement précisé.

Maintenant, je ne puis qu'applaudir à la modification que la commission a faite relativement aux délais.

La formule première qui avait été employée me paraissait susceptible de contestation, et, quant à moi, j'aimerais mieux — mais sans insister cependant sur ce point — que la formule définitive contînt ces mots : « Si dans les trois jours qui suivent le jour de la réception et du payement », parce que je crois que c'est bien, en effet, la pensée de la commission et que l'on ne saurait, quand il s'agit de délais, être trop clair.

En général, le *dies a quo* et le *dies ad quem* ne sont pas comptés dans la supputation des délais; mais quand on emploie cette formule spéciale : « Dans tel délai », ce principe général disparaît, et pour la clarté absolue d'un texte qui sera d'une pratique aussi courante que celui-là, il vaudrait mieux mettre ces mots : « Dans les trois jours qui suivent le jour de la réception. »

J'indique simplement ces petites modifications à la commission, et je m'en rapporte à elle si elle croit que cette modification soit, en effet, avantageuse.

Maintenant, un autre point qui est plus délicat, c'est ce qui est dit à la fin de l'article. On met sur la même ligne la notification par acte extrajudiciaire ou par lettre recommandée.

Ah ! ici messieurs, j'ai une observation à faire. La lettre recommandée devra-t-elle être « envoyée » dans les trois jours, ou devra-t-elle être « parvenue » dans les trois jours ? Voilà un point qu'il faut régler et sur lequel il est nécessaire de s'expliquer. En effet, le deuxième jour, vous envoyez votre lettre recommandée ; mais si elle met deux jours pour arriver, elle n'arrivera qu'après le délai.

Tandis que, toutes les fois qu'il s'agit de notification, il est bien évident qu'il faut que la notification soit parvenue dans les délais même fixés par la loi.

Dès lors, *quid* relativement à la lettre recommandée?

Si c'est l'envoi, vous prolongez les délais. Est-ce donc l'envoi, ou est-ce la réception ?

J'appelle l'attention de la commission et du Sénat sur ce point, et je crois que, sous ce rapport, il y aurait lieu de donner une explication très précise et même de trancher par une petite modification de texte la difficulté qui peut s'élever.

M. le rapporteur. Messieurs, sur le premier point des observations de l'honorable M. Clément, je ne demande assurément pas mieux que de produire devant le Sénat la pensée très nette et très formelle de la commission; mais je ferais observer à M. Clément que cette déclaration fera absolument double emploi avec les énonciations du rapport qui vous a été distribué.

En effet, dans le rapport (page 43, ci-dessus), vous pourrez trouver ceci :

« Pour être complets dans nos observations et ne laisser aucun doute sur la portée de l'adhésion que nous vous proposons de donner à la modification de l'article 105, nous devons dire que nous ne saurions admettre que cette modification pût entraîner une interversion dans les règles de droit commun en matière de preuve.

« Jusqu'à la réception par le destinataire, le voiturier a la garde et la responsabilité de la chose. Si par conséquent il entend s'exonérer de la garantie qui lui incombe, il lui appartient de prouver que la perte ou l'avarie relevés à ce moment par le destinataire ont eu lieu en dehors de toute faute qui lui soit imputable.

« Mais quand la chose a passé aux mains du destinataire, ne fût-ce que pendant les deux jours de délai de protestation, celui-ci devra, par application des mêmes principes, établir que le fait dont il se plaint s'est produit antérieurement à sa prise de possession

« On a essayé de soutenir que le délai de deux jours accordé pour la protestation doit être considéré, malgré la présence des objets chez le destinataire, comme la prolongation du transport et continuer la responsabilité du transporteur.

« Votre commission, d'accord avec les énonciations de l'exposé des motifs et du rapport fait à la Chambre, estime que c'est là une fiction inadmissible et dont le résultat le plus certain serait de livrer le voiturier à toutes les entreprises de l'esprit de mauvaise foi ».

Par conséquent, messieurs, il n'y a pas de doute possible sur la première observation de l'honorable M. Clément.

Tout le monde, le Gouvernement, la Chambre des Députés, votre commission et, je l'espère aussi, le Sénat, décideront qu'à partir du moment où la chose a passé entre les mains du destinataire, s'il constate un manquant ou une avarie, il devra établir que cette avarie ou ce manquant ont eu lieu antérieurement à sa prise de possession et que, par conséquent, c'est le voiturier qui en est responsable, je crois qu'il ne peut pas y avoir de doute à cet égard.

Le second point des observations de l'honorable M. Clément est relatif au délai.

Évidemment, nous sommes encore d'accord sur ce point. M. Clément soumet à la commission cette pensée, qu'au lieu de dire « dans les trois jours qui suivront la réception et le payement, » ce qui est la formule employée par tous les anciens textes, il vaudrait peut-être mieux dire « dans les trois jours qui suivront le jour de la réception et du payement. » Il est possible, en effet, que cette formule soit préférable. Si le Sénat le veut bien, votre commission prendra parti entre les deux délibérations.

M. *Léon Clément.* Parfaitement !

M. *le rapporteur.* Enfin, en ce qui touche la lettre recommandée, M. Clément demande s'il suffira que cette lettre soit envoyée le dernier jour du délai ou si, au contraire, il ne sera pas nécessaire qu'elle soit remise ce même jour au voiturier.

Je réponds que c'est la date de l'envoi de la lettre qu'il faut prendre en considération, et que s'il est établi par le récépissé de la poste que la lettre est partie dans les trois jours qui auront suivi le jour de la réception et du payement, le destinataire aura pleinement satisfait à son obligation.

Voilà ce que j'avais à répondre à l'honorable M. Clément. J'espère qu'il voudra bien s'en tenir pour satisfait.

M. *le président.* Personne ne demande la parole sur l'article 1er ?...

M. *Loubet, Ministre des Travaux Publics, de sa place.* Je demande à faire des réserves, que je formulerai en seconde lecture ; car si, par hasard, la lettre recommandée n'arrivait pas, son envoi ne pourrait pas servir de point de départ pour la détermination du délai.

M. *le président.* Le récépissé donne date certaine à la remise de la lettre.

M. *le ministre.* Oui, il y a un récépissé qui donne date certaine à l'envoi ; mais il y en a un autre qui est délivré lors de la réception de la lettre.

Eh bien, je fais mon observation pour le cas où il y aurait bien récépissé à l'envoi, mais non pas à la remise. Le fait s'est produit et peut se produire encore.

M. *le président.* Vous réservez vos observations pour la 2e délibération, monsieur le ministre ?

M. *le ministre.* Oui, monsieur le président.

M. *le président.* Je mets aux voix l'article 105.

(L'article 105 est adopté).

M. *le président.* « Art. 108. — Toutes les actions auxquelles peut donner lieu le contrat de transport sont prescrites dans le délai d'un an, compté, dans le cas de perte totale, du jour où la remise de la marchandise aurait dû être effectuée, et, dans tous les autres cas, du jour où la marchandise aura été remise ou offerte au destinataire, sans préjudice des cas de fraude ou d'infidélité, et sans dérogation aux dispositions de l'article 511 du code de procédure civile.

« Dans les cas prévus par la présente loi, les prescriptions commencées au moment de la promulgation seront acquises par un an à dater de cette promulgation si, d'après la loi antérieure, il reste un temps plus long à courir.

« La durée des actions récursoires est d'un mois. Cette prescription ne court que du jour de l'exercice de l'action contre le garanti.

« Dans le cas de transports faits pour le compte de l'État, la prescription ne commence à courir que du jour de la notification de la décision ministérielle emportant liquidation ou ordonnancement. »

Quelqu'un demande-t-il la parole sur l'article 108 ?

M. Bozérian. Je la demande, monsieur le président.

M. le président. La parole est à M. Bozérian.

M. Bozérian. Messieurs, j'avais tout d'abord l'intention de combattre d'une façon absolue les dispositions du nouvel article 108 du code de commerce.

Cet article apporte en effet une modification profonde à notre législation présente.

Quelle est aujourd'hui cette législation ? Comment est conçu l'article 108 actuel du code de commerce ?

A l'exception des deux cas visés par cet article, celui de perte et celui d'avarie, pour lesquels des prescriptions spéciales de courte durée sont édictées, pour toutes les autres difficultés litigieuses qui peuvent s'élever à l'occasion du contrat de transport entre l'expéditeur et le destinataire, c'est la prescription de droit commun qui existe : c'est la prescription de trente ans, qui court aussi bien au profit qu'au préjudice de l'une ou l'autre partie.

Cet état de choses, messieurs, qui existe depuis 1804, a-t-il suscité des réclamations ? J'ai bien entendu des réclamations très vives se produire en ce qui concerne l'ancienne disposition de l'article 105 qui prononce, non pas une prescription, mais une déchéance — ce qui est tout autre chose — contre le destinataire qui aura reçu sans protestation l'objet qui lui est expédié.

Tout le monde, je le reconnais et je le constate, avait réclamé contre cette disposition ; tout le monde en avait demandé l'abrogation, et c'est à ces réclamations que faisait allusion notre honorable président, quand, à la fin de la dernière séance, il nous invitait à voter promptement le présent projet de loi.

Mais des réclamations du public contre l'ancien article 103, qu'on me les montre ; on ne saurait m'en montrer. Le public est absolument désintéressé dans cette question, et j'ajoute qu'il doit être hostile à la modification projetée.

Qui va en effet profiter de la disposition nouvelle ? Ce sont et ce ne sont que les compagnies de chemins de fer ; c'est à elles seules que cette abréviation de délai va profiter.

Quoi qu'il en soit, messieurs, je réserve mes critiques à cet égard pour la seconde délibération, et voici pourquoi :

J'admets que l'on puisse considérer comme trop longue la prescription trentenaire. C'est possible ! J'admets donc qu'on soit disposé à l'abréger.

Mais que dans un esprit de réaction on aille jusqu'à abaisser à un an le délai des actions en matière de transports, je trouve cela exorbitant, excessif ; par conséquent, lors de la seconde délibération, je proposerai le délai de cinq ans, celui qui est admis en matière commerciale pour les lettres de change et les billets à ordre.

Mais je n'insiste pas en ce moment sur ce point. Si je n'insiste pas, si je renonce à entrer en lutte avec la commission, c'est que j'ai envers elle une dette de gratitude à acquitter. Je tiens à la remercier d'avoir bien voulu m'entendre samedi dernier et d'avoir accueilli une partie de mes observations.

Je reprochais au nouvel article 108 de ne pas s'expliquer sur l'abrogation ou la non-abrogation de l'article 541 du code de procédure civile. Vous connaissez, messieurs, l'objet de cette disposition ; elle a trait aux erreurs, aux omissions, aux faux, aux doubles emplois. Quel est le délai de la prescription pour ces sortes d'actions ? Trente ans. Et personne, que je sache, n'a jamais réclamé contre l'article 541.

Or, l'article 103, tel qu'il était primitivement rédigé par la commission, portait : « Toutes actions…. », sans aucune réserve. « sont prescrites dans le délai de… »

Donc l'article 541 disparaissait. La commission a bien voulu se rendre à mes observations ; je l'en remercie ; elle m'a donné satisfaction sur ce point en ajoutant ces mots au premier paragraphe de l'article 103 : «… sans dérogation aux dispositions de l'article 541 du code de procédure civile. »

J'ai un second remercîment à adresser à la commission. Il y a quelqu'un, messieurs, dont les intérêts sont aussi respectables que ceux des particuliers, s'ils ne le sont davantage ; ce quelqu'un, c'est l'Etat, dont les intérêts auraient pu se trouver sacrifiés, si l'article 103 avait été maintenu tel qu'il avait été rédigé tout d'abord.

En effet, la situation de l'Etat à l'égard des transporteurs — je ne parle pas des compagnies de chemins de fer seulement, mais de tous les transporteurs — la situation de l'Etat, dis-je, est tout à fait différente de celle du simple particulier à l'égard de l'entrepreneur à qui il a affaire.

En général, ce n'est pas par des traités de longue durée que se traitent les affaires privées. Entre l'Etat, au contraire, et les compagnies de chemins de fer ou les transporteurs analogues, ce sont ordinairement des contrats de longue durée qui se forment.

Eh bien, en matière de contrats de ce genre, c'est-à-dire de marchés de fournitures, quelles sont les règles de la comptabilité publique ? On semble les avoir oubliées, et vous savez, messieurs, quels résultats se sont produits, par suite de cet oubli, en matière de transports par compagnies de chemins de fer. Rappelez-vous le fameux rapport présenté à la Chambre des députés, en 1886, par l'honorable M. Lombard, a propos de transports exécutés de 1869 à 1872, 1873 et 1874 : à tort ou à raison — je ne préjuge pas la question — on a affirmé qu'il y avait lieu d'exercer contre les compagnies de chemins de fer des réclamations qui arrivent jusqu'à 15, 20 et 25 millions.

Or, si, dans cette situation, on se fût trouvé en présence d'un article 108 qui déclarerait l'action prescrite après un an, c'étaient des millions qui auraient été irrémédiablement perdus pour l'État.

Voilà ce qui est arrivé dans le passé ; voilà ce qui pourrait arriver dans l'avenir.

J'ai parlé des règles de la comptabilité publique. Quelles sont ces règles ? Elles sont écrites, messieurs, dans l'article 62 du décret du 31 mai 1862. Cet article est ainsi conçu :

« Aucune créance ne peut être liquidée à la charge du Trésor public que par l'un des ministres ou par ses délégués. »

Tant que la liquidation n'est pas intervenue, il n'y a pas de droit acquis au profit du prétendu créancier de l'État ; on peut toujours revenir sur le compte ; et c'est seulement quand cette liquidation est intervenue que la porte est fermée à toute action.

On m'a donné satisfaction sur ce point ; je fais toutefois une réserve sur la rédaction.

En effet, messieurs, voici ce que porte la disposition finale de l'article en discussion :

« Dans le cas de transports faits pour le compte de l'État, la prescription ne commence à courir que du jour de la notification ministérielle emportant liquidation... » — tout va bien jusque-là — «... ou ordonnancement. »

C'est ici, messieurs, que je fais mes réserves. Qu'entendez-vous par « ordonnancement ? » La liquidation est le résultat d'ordonnancements successifs. Est-ce que chaque ordonnancement partiel aura pour résultat d'éteindre l'action de l'État à l'égard de l'article ordonnancé ?

Je ne saurais l'admettre : ce serait une dérogation capitale aux règles de la comptabilité publique. Je ne puis, quant à moi, admettre la forclusion après un an ou cinq ans — selon le délai qui sera fixé — que lorsqu'il y aura eu liquidation. Par conséquent, j'appelle la bienveillante attention de la commission sur le mot « ordonnancement » que, je le répète, je ne saurais accepter.

Voilà deux points sur lesquels la commission a bien voulu me donner satisfaction. Quant à la question de délai, je la réserve pour la 2ᵉ délibération.

Il reste une autre question, non moins grave que les précédentes ; la Chambre des députés avait inséré à la fin de l'article que nous discutons en ce moment la disposition suivante :

« Toutes stipulations contraires aux dispositions de la présente loi sont nulles et de nul effet. »

La commission, par des motifs très intentionnellement expliqués au rapport, a fait disparaître ce paragraphe final. Vous allez voir les conséquences de cette suppression.

Quel avait été le motif de la Chambre des députés ? C'est qu'elle n'admettait pas que dans les rapports, soit des particuliers, soit de l'État avec les compagnies, on pût introduire une clause dérogatoire ; elle voulait que le délai fixé par la loi fût obligatoire pour et contre tout le monde, et qu'il ne fût permis à personne de l'allonger ou de le diminuer.

Ce côté de la question est des plus importants. L'honorable rapporteur de la commission se prononce pour la liberté des conventions.

La liberté ! Il me permettra de lui dire que la raison qu'il a donnée à l'appui de cette opinion est bien dangereuse.

Et, en effet, pourquoi cette liberté substituée à l'obligation de se conformer à la loi ? Voici ce que je lis dans le rapport, à la page 9 :

« Pourquoi interdire aux parties le droit de modifier suivant leur intérêt et leur convenance le délai de protestation ?... »

Il faudrait ajouter « et les délais de l'action » ; car ce n'est pas seulement la question de déchéance, mais la question de prescription qui se trouve engagée.

Le rapport continue :

« Si elles conviennent, par exemple, de le reporter à cinq jours au lieu de deux, en quoi l'ordre public est-il intéressé dans cette modification ? »

Mais s'il leur convenait de réduire ce même délai à vingt-quatre heures, l'ordre public ne serait pas davantage intéressé dans la question ; le rapport ne prévoit, en effet, que la possibilité de la prolongation ; il faudrait aussi prévoir la possibilité du raccourcissement.

Le rapport ajoute : « Craindrait-on que les compagnies n'introduisissent dans leurs tarifs une clause qui deviendrait de style et supprimerait les délais ?... »

Oui, messieurs, oui, je le crains ; cela est possible, car cela est arrivé.

M. Parent. — Cela arrivera encore !

M. Bozérian. — M. le rapporteur poursuit :

« Mais les tarifs des chemins de fer sont soumis à l'homologation : une clause qui serait la négation flagrante d'un texte de loi ne pourrait y trouver place. »

C'est là, messieurs, une erreur historique, attendu que ces dérogations à la loi ont parfaitement trouvé place dans certains tarifs de chemins de fer.

J'en trouve la preuve dans le tarif franco-belge. Aujourd'hui, le délai — sauf dans les cas d'avaries ou de perte — est de trente ans ; eh bien, écoutez, messieurs, voici ce

sont prescrites dans le délai d'un an, compté dans le cas de perte totale du jour où la remise de la marchandise aurait dû être effectuée, et dans tous les autres cas du jour où la marchandise aura été remise ou offerte au destinataire, sans préjudice des cas de fraude ou d'infidélité et sans dérogation aux dispositions de l'article 511 du Code de procédure civile.

« Dans les cas prévus par la présente loi, les prescriptions commencées au moment de la promulgation seront acquises par un an à dater de cette promulgation, si, d'après la loi antérieure, il reste un temps plus long à courir. »

Je mets aux voix ces deux paragraphes.

(Les deux premiers paragraphes sont adoptés).

M. le président. — La parole est à M. Clément sur le troisième paragraphe.

M. Léon Clément. — Messieurs, je demande la parole sur l'avant-dernier paragraphe de l'article 105 qui est ainsi conçu : « La durée des actions récursoires est d'un mois. Cette prescription ne court que du jour de l'exercice de l'action contre le garanti. »

Sous l'empire de l'article 105 actuel qui fixait à six mois la durée de l'action, il n'y a jamais eu de difficultés très grandes relativement à la prescription entre le destinataire et le dernier commissionnaire de transport. Le destinataire était toujours à même d'exercer son action dans les six mois contre ce dernier commissionnaire. Mais des difficultés se sont souvent présentées entre les commissionnaires de transports successifs, et vous allez comprendre comment elles peuvent naître.

Le destinataire qui avait le mois pour agir, pouvait attendre presqu'à la veille de l'expiration des délais, et alors le commissionnaire de transport qui était actionné par le destinataire éprouvait une difficulté extrême à agir dans les délais légaux contre les commissionnaires qui l'avaient précédé : on était arrivé, je crois, dans la pratique, à ne lui reconnaître que le droit d'assigner les commissionnaires de transports qui l'avaient précédé, dans les délais donnés par le Code de procédure civile pour exercer l'action en garantie.

Quelle situation faites-vous aujourd'hui, d'une manière uniforme, au commissionnaire de transport vis-à-vis de ceux qui l'ont précédé ? Vous dites que la durée des actions récursoires est fixée à un mois. Mais s'il faut prendre à la lettre votre rédaction, vous allez abréger singulièrement le recours contre les commissionnaires antérieurs, contre les transporteurs qui ont précédé celui qui a remis la marchandise.

Si le destinataire actionne le dernier commissionnaire, celui-ci n'aura qu'un mois, d'après votre texte, pour agir contre celui qui l'a précédé.

Je trouve que ce délai est trop court et que vous devriez laisser à l'action des commissionnaires successifs la même durée qu'à l'action du destinataire lui-même. Je m'explique.

Je comprends que vous donniez une durée plus grande à cette action récursoire, parce que, si le destinataire n'agit qu'à la fin du délai, il faut bien laisser aux commissionnaires successifs le temps de se retourner contre leurs garants. Mais abréger le délai de la prescription et le fixer à un mois seulement, c'est aller, il me semble, au rebours des nécessités de la pratique.

Ainsi, quand un destinataire assigne une compagnie de chemins de fer, il l'actionne à une de ses gares principales. Il faut alors que l'administration de cette gare envoie l'assignation au siège de la compagnie. On va devant le tribunal de commerce ; on fait des expertises ; l'affaire peut ne venir que bien au delà du délai d'un mois ; et, pendant tout ce temps, c'est à peine si le commissionnaire de transport a pu savoir quelle était la provenance de la marchandise et connaître le commissionnaire antérieur qu'il pouvait actionner.

Il ne faut donc pas réduire, dans tous les cas, à un mois l'action récusoire du dernier transporteur contre ceux qui l'ont précédé. Je crois que votre pensée — je ne sais si je me trompe — est celle-ci, c'est que, lorsqu'on est arrivé à la fin du délai, les commissionnaires de transports successifs ont un mois pour mettre en cause leurs garants ; mais je ne comprendrais pas que vous restreigniez dans tous les cas à un mois l'action récursoire contre les commissionnaires successifs.

Il me semble, messieurs, que pour rendre la pensée que je suppose à la commission, il faudrait dire que la durée des actions récursoires est au moins d'un mois.

Si vous adoptiez cette rédaction, il en résulterait que les actions de garantie pourraient toujours se mouvoir dans l'étendue du délai fixé par le paragraphe 1er, c'est-à-dire dans l'année.

Ainsi, le dernier commissionnaire de transports étant assigné dans le premier mois, il devrait avoir onze mois pour pouvoir assigner les commissionnaires antérieurs. Mais vous ne pouvez pas, ce me semble, donner au commissionnaire de transports qui est assigné au commencement du délai, un mois seulement pour assigner le commissionnaire précédent qui lui doit garantie.

Vous courez risque de rendre ces actions récursoires trop étroitement limitées, absolument inutiles, et d'empêcher des recours qui doivent s'exercer.

Je crois que la commission devrait modifier ce texte...

M. le rapporteur. Que proposez-vous ?

M. Clément. Je proposerais, monsieur le rapporteur, sans prétendre que ce soit là une rédaction définitive, de mettre : « La durée des actions récusoires est d'un mois au moins ».

M. Munier. Alors, on ne jugerait qu'après un an ; ce n'est pas possible !

M. Léon Clément. Pardon ! ce n'est pas là ce que je veux dire. Peut-être pourriez-vous trouver une autre modification. Il est très difficile d'improviser à la tribune, pour des points aussi délicats, une rédaction définitive.

M. Munier. Chaque action récursoire a un mois, n'est-ce pas assez ?

M. Léon Clément. Je trouve que le délai d'un mois n'est pas suffisant. Lorsque le destinataire agit au commencement du délai, le transporteur peut avoir à peine le temps d'assigner le commissionnaire précédent et de l'appeler dans ce délai.

Lorsque vous donnez au destinataire un an pour agir, il n'est pas possible que vous donniez au commissionnaire de transport attaqué par le destinataire un mois seulement pour exercer son action. Remarquez d'ailleurs que le délai part de l'assignation. Eh bien, lorsque l'assignation est reçue, il faut un certain temps pour qu'elle parvienne aux administrations et pour que celles-ci puissent agir. Donc, le délai d'un mois est évidemment trop court.

M. le rapporteur. Je demande la parole.

M. le président. La parole est à M. le rapporteur.

M. le rapporteur. Je ne sais pas si j'ai bien saisi les observations que l'honorable M. Clément vient de produire devant le Sénat. Il me semble que notre texte est clair et précis, et que nous vous proposons une solution absolument rationnelle.

Que voulons-nous, en effet ? C'est que quand une partie est appelée dans une instance et qu'elle prétend elle-même être garantie par un tiers, elle ait, à partir du jour où elle aura reçu son assignation, un délai d'un mois pour appeler son garant dans la cause.

M. Léon Clément. Ce n'est pas assez.

M. le rapporteur. Quelle objection y fait-on ? L'honorable M. Clément prétend-il que la formule adoptée par la commission, à savoir que la durée des actions récursoires est d'un mois, n'est pas suffisamment claire ? Entend-il qu'il vaudrait mieux dire que le délai pour intenter l'action récursoire est d'un mois ? Je fais observer au Sénat que la pensée est exactement la même.

Mais si M. Clément va plus loin, s'il estime que ce délai d'un mois est insuffisant, je n'hésite pas à penser qu'il n'apprécie pas exactement la situation. Quel délai entend-il donc réclamer pour l'exercice de la garantie ? Et quand, ayant reçu un exploit d'ajournement, vous pensez qu'un tiers a l'obligation de prendre votre fait et cause, quelle difficulté peut-il bien y avoir à lui dénoncer cette assignation dans le délai d'un mois, avec appel en garantie ? Et comment expliquez-vous qu'un temps plus long puisse vous être nécessaire ? Ne voyant à ces questions aucune réponse satisfaisante, je suis convaincu que le Sénat pensera sur ce point comme la Chambre des députés et comme sa propre commission. Conformément d'ailleurs au projet du Gouvernement, il adoptera le délai d'un mois.

M. Paris. Messieurs, je suis d'accord avec la commission. Quand des actions récursoires sont intentées en matière de transport, j'estime qu'on doit fixer un délai beaucoup moindre pour leur exercice que pour l'action principale ; un mois me paraît suffire pour qu'une compagnie de chemin de fer, par exemple, assignée à l'occasion du transport d'un colis, examine, si elle l'a reçu d'une autre compagnie jusqu'à laquelle la responsabilité pourra remonter et si elle est fondée à l'appeler en garantie.

Dans le délai d'un an pour l'action principale, dans le délai d'un mois pour l'action récursoire, les parties intéressées auront tout le temps de veiller à la défense de leurs intérêts.

L'action récursoire n'entravera pas l'exercice de l'action principale ; un seul jugement suffira pour trancher, à l'égard de tous, le différend soumis au juge.

M. Léon Clément. Ce n'est pas là la question.

M. Paris. Je vous demande pardon : c'est la question résolue — et sagement résolue — par le texte de l'article 103 que nous discutons.

Je me permettrai cependant de soumettre à la commission une observation.

La voici :

Le texte primitif présenté par le Gouvernement à la Chambre des députés était ainsi conçu :

« La durée de la prescription des actions récursoires est d'un mois. »

La commission a remplacé cette formule par la suivante :

« La durée des actions récursoires est d'un mois. »

Au point de vue de la correction juridique, le texte du Gouvernement était préférable.

C'est la durée de la prescription de l'action qu'il faut fixer, et comme il peut y avoir lieu à plusieurs recours successifs en garantie, à propos d'une même action principale, chacun de ces recours doit être soumis à une prescription distincte.

La rédaction de la commission semble dire que la durée des « actions récursoires » — de toutes les actions récursoires — est d'un mois ; que le délai est unique.

Pour dissiper cette équivoque, je proposerai une rédaction qui, tout en répondant à la pensée de la commission, rendra cette pensée plus nette dans son expression.

« Le délai pour intenter chaque action récursoire est d'un mois. »

M. le rapporteur. C'est notre pensée.

M. Léon Clément. Je demande à dire un mot, monsieur le président.

M. le président. La parole est à M. Clément.

M. Léon Clément. Il me semble, messieurs, que le texte de la commission veut dire autre chose que ce que notre honorable collègue M. Paris lui faisait dire à l'instant.

Je n'ai pas eu la pensée, et je crois que la commission ne l'a pas eue non plus, de dire que lorsque le premier commissionnaire était actionné par le destinataire, la cause devait être suspendue pendant un mois, et que si le second commissionnaire était appelé en cause, il aurait encore un mois pour faire ajourner la solution.

Je ne pense pas que ce soit le sens du texte ; ce qui est vrai c'est que lorsque le voiturier est assigné par le destinataire, s'il ne met pas dans les délais du code de procédure civile son garant en cause, le procès doit être jugé immédiatement ; ce que le texte de la commission dit est ceci :

Il y a eu un premier procès ; il est vidé, il est jugé, ce premier procès entre le destinataire et le commissionnaire qui lui a remis la marchandise...

M. le rapporteur. C'est une action principale !

M. Léon Clément. ... mais maintenant, lorsque ce commissionnaire qui a été condamné...

M. Paris. Mais non ! mais non !

M. Munier. Ce n'est plus une action récursoire, c'est une action principale à intenter.

M. Paris. Oui, cela devient alors une action principale !

M. Léon Clément. Alors, messieurs, quelle est sa durée ?

M. Munier. Un an !

M. Léon Clément. Est-ce qu'une action que j'intente lorsque j'ai été condamné n'est pas une action récursoire ?

M. Munier. Mais non !

M. Léon Clément. Je vous demande pardon ! C'est un recours que j'exerce, c'est une action récursoire. Eh bien, je vous demande quel est le délai de cette action.

M. Munier. Un an !

M. Léon Clément. Alors, messieurs, vous voyez que la question que je posais n'était pas inutile. Il faudrait pourtant s'entendre là-dessus ! Si le premier commissionnaire a été condamné, dans quel délai peut-il agir contre le commissionnaire dont il tient la marchandise et qui aura commis l'avarie ? Car, enfin, il peut se faire que dans le mois on n'ait pas parfaitement éclairci la cause de l'avarie, des responsabilités. Lorsque cette question aura été éclaircie par le débat entre le destinataire et le commissionnaire qui a remis la marchandise, que ce dernier aura été condamné, je me demande quelle sera sa situation vis-à-vis du commissionnaire qui l'aura précédé. Aura-t-il un mois ? aura-t-il ce qui restera du délai d'un an pour agir ?

Quel est le délai que vous lui donnez ?

M. Paris. Je demande la parole.

M. le président. La parole est à M. Paris.

M. Paris. Il me paraît important, messieurs, de bien poser la question. Le transport d'un colis donne lieu à une contestation ; une action est intentée par le destinataire contre le voiturier. Que fait alors le défendeur ? Ou bien il estime qu'il n'a pas d'action en garantie à exercer, et le débat se circonscrit entre deux parties ; puisque le défendeur n'a pas appelé garant en cause, il n'existe pas d'action récursoire.

Plus tard, il est vrai, le défendeur condamné se ravise et agit à son tour contre un tiers. Son action ne sera pas récursoire, elle ne se produira pas sous la forme de l'appel en garantie ; l'action sera principale.

M. Munier. Évidemment !

M. Paris. Dès lors, le texte de la commission me paraît répondre aux préoccupations de l'honorable M. Clément, puisque la commission déclare que toutes les actions auxquelles peut donner lieu le contrat de transport sont prescrites dans le délai d'un an. La seconde action intentée par le voiturier contre son transporteur intermédiaire ou contre l'expéditeur sera principale ; elle sera, par conséquent, comme la première action jugée entre le destinataire et le voiturier, atteinte dans le délai d'un an par la prescription.

Cela me paraît très clair.

Si, au contraire, le défendeur juge convenable d'appeler garant en cause, de manière à éviter une seconde instance, l'action qu'il intentera sera une action en garantie, une action récursoire dont la durée sera réduite à un mois.

Tous les principes me paraissent sauvegardés et tous les intérêts conciliés. Ceci dit, j'espère que la commission acceptera au point de vue de la précision et de la correction plus grande du texte, la légère modification que j'ai proposée à sa rédaction : « Le délai pour intenter chaque action récursoire est d'un mois. »

M. le président. Personne ne demande plus la parole ?...

La commission adhère à la nouvelle rédaction proposée par M. Paris.

Le troisième paragraphe serait dès lors rédigé en ces termes :

« Le délai pour intenter chaque action récursoire est d'un mois. Cette prescription ne court que du jour de l'exercice de l'action contre le garanti. »

(Le 3e paragraphe, mis aux voix, est adopté).

M. le président. « Paragraphe 4. — Dans le cas de transports faits pour le compte de l'État, la prescription ne commence à courir que du jour de la notification de la décision ministérielle emportant liquidation ou ordonnancement. »

M. le rapporteur. La commission ajoute le mot « définitif » après « ordonnancement » C'est par une erreur d'impression que ce mot n'a pas été inséré dans notre texte, mais il y figurait.

M. le président. La commission ajoute le mot « définitif » au paragraphe.

Personne ne demande la parole ?...

Je mets aux voix le quatrième paragraphe ainsi rédigé.

(Le quatrième paragraphe est adopté).

M. le président. Je mets aux voix l'ensemble de l'article 108.

(L'ensemble de l'article 108, mis aux voix, est adopté).

M. le président. Je mets aux voix l'entête du projet de loi ainsi intitulé :

« Les articles 105 et 108 du code de commerce sont remplacés par les articles suivants. »

(Cette disposition, mise aux voix, est adoptée).

M. le président. La Chambre des députés a admis une disposition ainsi conçue :

« Toutes stipulations contraires aux dispositions de la présente loi sont nulles et de nul effet. »

La commission a repoussé cette disposition ; mais, comme le fond du débat est le texte de la Chambre, je dois le mettre aux voix.

M. Loubet, ministre des travaux publics. Je demande la parole.

M. le président. La parole est à M. le ministre des travaux publics.

M. le Ministre des Travaux Publics. Messieurs, je n'ai qu'une très courte observation à présenter au Sénat. L'honorable M. Bozérian m'a devancé tout à l'heure et il vous a fait comprendre quels étaient les motifs qui militaient pour le maintien, dans la rédaction soumise au Sénat, du paragraphe final adopté par la Chambre des députés. L'honorable M. Demôle, rapporteur, a indiqué, tout à l'heure, que dans l'entretien qui avait eu lieu entre nous nous avions estimé que la question trouverait mieux sa place lors de la 2e délibération. Mais puisque le règlement s'y oppose et que le Sénat est appelé à statuer, je me permets d'insister en deux mots — sauf à compléter plus tard les observations que j'ai à présenter sur ce point — sur la nécessité qu'il y a d'après moi, à maintenir cette clause finale.

L'honorable M. Bozérian vous a fait remarquer que les motifs donnés par la commission ne paraissaient pas suffisamment concluants. M. le rapporteur, en effet, dit que sur ce point il faut réserver la liberté des contractants. On pourrait, messieurs, donner cet argument dans toutes les questions que soulève le contrat de transport. Toutes les actions qui peuvent naître de l'exécution de ce contrat sont des actions qui n'intéressent pas à ce point l'ordre public, qu'il soit nécessaire de légiférer, et l'on en arriverait à dire, généralisant la réponse qui se trouve dans le rapport : Laissez donc les parties régler comme elles l'entendent les diverses stipulations qui doivent être insérées dans le contrat de transport.

On a cru, cependant, qu'il était nécessaire de fixer des règles, qu'il y avait lieu d'édicter certaines prescriptions et le projet qui est actuellement en discussion est la preuve manifeste que le législateur a cru intéressant de légiférer sur ce point en réduisant notamment la durée des prescriptions anciennes. L'argument n'a donc pas la portée que M. le rapporteur lui attribue dans son rapport.

En réponse à l'objection présentée sur ce point, il dit en effet qu. les difficultés qui peuvent naître seraient soulevées principalement par les compagnies de chemins de fer qui, ayant un monopole et étant de fait les transporteurs les plus considérables, pourraient rendre de style une clause contraire ; et il ajoute :

Ce n'est pas à craindre, car la nécessité de l'homologation des tarifs par le Ministre des Travaux Publics est une garantie des plus sérieuses. Le ministre n'homologuera évidemment pas des tarifs qui stipuleraient réduction des délais fixés par l'article 108 ou par des lois postérieures.

L'honorable M. Bozérian a déjà répondu en partie sur ce point, et M. le rapporteur voudra bien reconnaître que cette réponse, qui a été faite également par des organes qui s'occupent spécialement de cette question des transports et des conflits auxquels ils peuvent donner naissance a une certaine importance.

On n'a parlé que des questions de tarifs de chemins de fer, j'y reviendrai tout à l'heure ; mais il n'y a pas que les chemins de fer qui transportent des marchandises : les compagnies de navigation en transportent aussi une grande quantité; de jour en jour les transports par les canaux, les fleuves et les rivières prennent de l'extension. Là, pas de tarifs soumis à l'homologation de l'Etat ; le contrat se fait entre l'expéditeur, le transporteur et le destinataire sans que l'Etat intervienne, et par conséquent sans qu'il ait l'occasion d'opposer le *veto* auquel faisait allusion M. le rapporteur.

L'argument, à ce point de vue, ne vaut donc pas ce que croyait la commission. Enfin, même à l'égard des chemins de fer et des tarifs homologués, il peut arriver, malgré tout le soin que le Ministre apportera à l'examen des propositions de tarifs si nombreuses, si multiples, sur lesquelles il est obligé de fixer les yeux pour ainsi dire chaque jour, et dont le nombre va sans cesse croissant, il peut arriver, dis-je, que sa bonne foi soit surprise. Ce n'est pas là une pure supposition. Si quelqu'un pouvait être en éveil pour exercer cette vigilance et faire respecter la législation des transports et des délais fixés pour l'exercice des diverses actions, c'est l'honorable M. Demôle qui, à la fois Ministre des Travaux Publics et jurisconsulte éminent, avait son esprit dirigé plus particulièrement vers ce respect de l'ancien article 108.

Cependant, si je ne me trompe, c'est lui qui a homologué l'un des tarifs portant la clause exceptionnelle sur laquelle l'honorable M. Bozérian appelait tout à l'heure l'attention du Sénat. Ce qui s'est passé là peut se représenter encore ; de telle sorte que nous sommes en droit de dire que non seulement il n'y a aucun inconvénient à maintenir la rédaction adoptée par la Chambre des députés, mais qu'il y a même à cela des avantages signalés.

Je prie donc le Sénat de vouloir bien maintenir ce paragraphe final, qui est ainsi conçu :

« Toutes stipulations contraires aux dispositions de la présente loi sont nulles et de nul effet. »

M. *le rapporteur*. — Messieurs, la commission, en présence des observations de M. le Ministre, fait connaître au Sénat qu'elle adhère au rétablissement de la disposition, sauf examen de la rédaction définitive qu'elle présentera lors de la 2e délibération.

M. *le président*. — Sous ces réserves, je mets aux voix le texte adopté par la Chambre des députés, qui est ainsi conçu et qui formera l'article 2 :

« Toutes stipulations contraires aux dispositions de la présente loi sont nulles et de nul effet. »

(L'article 2 est adopté).

M. *le président*. — La parole est à M. Milhet-Fontarabie, pour développer un article additionnel.

M. *Milhet-Fontarabie*. — Messieurs, d'accord avec le Gouvernement, j'ai l'honneur, au nom de mes honorables collègues : MM. Michaux, représentant de la Martinique ; Isaac, représentant de la Guadeloupe, et en mon nom, de proposer au Sénat d'appliquer la présente loi aux colonies de la Martinique, de la Guadeloupe et de la Réunion. Je n'ai pas besoin de m'appesantir sur l'utilité d'application de cette loi aux colonies de la Réunion et des Antilles.

M. *Félix Faure, sous-secrétaire d'Etat au Ministère de la Marine*. — Je crois qu'il y a confusion dans l'esprit de l'honorable sénateur. C'est au projet de loi concernant l'hypothèque légale de la femme que s'applique sa proposition.

M. *Milhet-Fontarabie*. — Je vous demande pardon ! elle s'applique au projet de loi qui est en ce moment en discussion.

M. *le rapporteur*. — La commission vous entendra dans l'intervalle des deux délibérations, retirez votre proposition.

M. *Milhet-Fontarabie*. — Je représenterai mon article additionnel à la 2e délibération.

M. *le président*. — Je consulte le Sénat sur la question de savoir s'il entend passer à une 2e délibération.

(Le Sénat décide qu'il passe à une 2e délibération).

Seconde délibération.

M. *le Président*. — L'ordre du jour appelle la 2e délibération sur le projet de loi, adopté par la Chambre des députés, portant modification des articles 105 et 108 du code de commerce.

Je donne lecture de l'article 1er :

« Art. 1er. — Les articles 105 et 108 du code de commerce sont remplacés par les articles suivants :

« *Art. 105*. — La réception des objets transportés et le payement du prix de la voiture éteignent toute action contre le voiturier pour avarie ou perte partielle, si dans les trois jours, non compris les jours fériés, qui suivent celui de cette réception et de ce payement, le destinataire n'a pas notifié au voiturier par acte extrajudiciaire ou par lettre recommandée sa protestation motivée. »

Personne ne demande la parole sur la dernière rédaction de l'article 105 proposée par la commission ?...

Je consulte le Sénat.

(La nouvelle rédaction de l'article 105 du code de commerce est adoptée).

M. le Président. — M. Paris propose une disposition additionnelle ainsi conçue :

« A partir de la réception, le destinataire est tenu d'établir que le fait dont il se plaint s'est produit antérieurement à sa prise de possession. »

La parole est à M. Paris.

M. Paris. — Messieurs, la disposition que je propose d'ajouter à l'article 105, que vous venez d'adopter, est très modeste et, en même temps, très pratique.

Vous avez décidé que la fin de non-recevoir contre toute action en matière de transports qui résultait du double fait de la réception de la marchandise et du payement de la lettre de voiture, serait considérablement adoucie en faveur du destinataire ; vous lui avez accordé un délai de trois jours pour notifier au voiturier sa protestation.

Quelle sera la conséquence de ce délai au point de vue de la preuve, en matière de responsabilité ? Cette question a paru assez sérieuse pour qu'on l'agitât devant la commission de la Cour de cassation à laquelle le projet de loi avait été soumis.

M. le conseiller Massé, rapporteur, fut d'avis que, à partir du moment où le destinataire avait pris possession de l'objet transporté, c'était à lui qu'il incombait de démontrer que l'avarie dont il se plaignait était antérieure à la prise de possession.

La discussion fut reprise dans l'assemblée générale de la cour, et les conclusions du savant rapporteur furent adoptées.

Vous voyez donc, messieurs, qu'il y a sur ce point matière à controverse. Dès lors, ne convient-il pas, à raison de la fréquence des procès qui naissent en matière de transports, de trancher toute difficulté par un texte formel, et d'empêcher le destinataire de s'imaginer que le délai de protestation est une sorte de prolongation du transport ?

Il ne faut pas laisser croire au destinataire qu'il est autorisé à dire au transporteur, après avoir pris possession de la marchandise et payé la lettre de voiture : Je vous ai notifié ma protestation dans le délai légal : par conséquent, nous sommes dans la même situation que si la réception n'avait pas été faite par moi. Je constate que la marchandise est avariée : c'est à vous à prouver que cette avarie est survenue depuis l'entrée dans mes magasins. Je n'ai pas de preuve à faire.

Les principes généraux, je le reconnais avec la commission, s'opposent à cette prétention. Si le voiturier est responsable, — à moins qu'il ne démontre, selon les cas, que la force majeure ou le vice propre de la chose a été cause de la perte totale ou partielle ou bien de la détérioration dont se plaint le destinataire, — c'est qu'il a la garde de la chose tant qu'il en a la détention ; c'est qu'il n'a pas rempli son obligation tant qu'il n'a pas remis la marchandise au destinataire.

A partir du moment où le destinataire a pris possession de l'objet transporté, il est réputé l'avoir reçu en bon état ; il est obligé — malgré le délai de trois jours qui lui est accordé pour sa réclamation — de faire la preuve que c'est quand le voiturier était détenteur de la marchandise que l'avarie est survenue.

Le texte que je vous propose d'adopter est en conformité parfaite avec ces principes. Il dit en effet :

« A partir de la réception, le destinataire est tenu d'établir que le fait dont il se plaint s'est produit antérieurement à sa prise de possession. »

La commission ne fait qu'une objection à l'insertion de ce paragraphe dans le projet de loi ; c'est que le projet du Gouvernement, le rapport présenté à la Chambre des députés, le rapport fait au Sénat, s'expliquent suffisamment à ce sujet.

Vous vous rappelez, messieurs, que l'accord qui existe entre ces documents n'a pas empêché notre honorable collègue M. Clément d'apporter à la tribune, sur le point en discussion, des explications complémentaires qu'il jugeait nécessaires. Je pense, messieurs, qu'il est bien plus sage d'insérer dans le texte même de la loi une disposition que tout le monde approuve.

Elle sera ainsi pour tous les intéressés une sauvegarde bien plus sûre que si vous la reléguiez dans les travaux préparatoires auxquels les jurisconsultes ont seuls recours.

Les lois ne sont pas faites uniquement pour les avocats et les juges : elles s'adressent avant tout aux justiciables. Il est donc essentiel que le texte en soit parfaitement clair à leurs yeux et qu'ils ne puissent se méprendre sur la portée de leurs dispositions.

Si la rédaction que je propose créait dans le texte du projet un défaut d'harmonie, je serais le premier à le sacrifier ; mais remarquez que cette addition à l'article 105 mettra cet article en parfait accord avec les articles 103 et 104.

Le voiturier, vous le savez, en vertu des articles 103 et 104 est garant de la perte des objets transportés, hors le cas de force majeure : il est garant des avaries autres que celles qui proviennent du vice propre de la chose ou de la force majeure. Si par effet de la orce majeure, le transport n'a pas été effectué dans le délai convenu, il n'y a pas lieu à indemnité contre le voiturier pour cause de retard.

Vous voyez donc que pendant le temps que dure le transport et avant que la remise des objets transportés ait été faite entre les mains du destinataire, les articles 103 et 104 n'ont pas omis de dire à qui incombait la responsabilité : ils ont fait peser d'une manière expresse sur le voiturier le fardeau de la preuve de la force majeure ou du vice propre de la chose. L'article 105 complètera à ce point de vue les articles 103 et 104, et l'harmonie régnera dans la loi.

Ce qui achève de démontrer l'utilité de la disposition, c'est que, le jour même où, après les explications de M. Clément, le Sénat votait l'article 105, plusieurs des journaux qui daignent s'occuper des questions économiques, beaucoup moins intéressantes que la politique pure, sont tombés dans l'erreur à l'abri de laquelle je veux mettre le destinataire.

Le délai accordé pour la protestation, ont-ils dit, sera la prolongation du transport ; les compagnies de chemins de fer auront donc à veiller à ce que la vérification des objets transportés soit faite immédiatement au domicile du destinataire, car autrement elles verront se prolonger contre elles la présomption de faute qui résulte des articles 103 et 104.

Je prie donc le Sénat de voter un texte clair, pour empêcher toute difficulté de naître sur l'interprétation d'une loi attendue depuis longtemps par le commerce.

M. le rapporteur. — Messieurs, l'honorable M. Paris propose au Sénat un paragraphe additionnel à l'article 105, qui serait ainsi conçu :

« A partir de la réception, le destinataire est tenu d'établir que le fait dont il se plaint s'est produit antérieurement à sa prise de possession. »

L'idée de M. Paris est absolument approuvée au fond par votre commission.

Elle a tenu à s'en expliquer dans son rapport. Vous avez vu, en effet, si vous avez bien voulu jeter les yeux sur ce document, que nous avons très nettement déclaré que nous n'entendions, en aucune façon, apporter une interversion quelconque aux *règles ordinaires de la preuve* et que, par conséquent, de la même façon que d'après les principes généraux, le voiturier débiteur de la chose, obligé de la remettre entre les mains du propriétaire, est tenu d'établir que l'avarie ou la perte partielle dont celui-ci se plaindrait n'est pas arrivé par son fait, de la même façon aussi, lorsque la chose est passée entre les mains du destinataire, c'est à celui-ci, cette chose ne fût-elle restée entre ses mains que pendant le délai de protestation, qu'il appartient, s'il veut mettre en jeu la responsabilité du voiturier, de prouver que le fait dont il se plaint est antérieur à sa prise de possession. C'est là l'application des *règles générales du droit* en matière d'obligation. Personne dans le monde parlementaire n'a méconnu cette vérité.

Je reconnais, avec l'honorable M. Paris, que devant la commission extraparlementaire la question s'est posée. Je ne sais pas si quelqu'un dans cette commission a été partisan de l'opinion contraire ; toujours est-il que j'ai vu, dans l'exposé des motifs du projet de loi qu'on s'était demandé si la présence des objets entre les mains du destinataire ne devait pas être considérée, par suite de la nouvelle disposition de l'article 105, comme la prolongation du transport et, par suite, comme continuant la responsabilité du voiturier ; mais personne ne s'y est arrêté d'une façon nette et sérieuse.

Et, tout à la fois, dans l'exposé des motifs qui reproduit à cet égard les explications de la commission extraparlementaire, dans le rapport fait à la Chambre des députés et dans le rapport de la commission du Sénat, tout le monde a été d'accord qu'on n'entendait en aucune façon rien innover aux principes généraux du droit, que les parties restaient sous l'application des règles ordinaires en matière de preuve et que, par conséquent, du moment que le voiturier n'avait plus la chose entre ses mains, qu'il n'en était plus débiteur et que le destinataire en avait pris possession, c'était bien au destinataire, s'il voulait invoquer la responsabilité du voiturier, à établir cette responsabilité.

C'est dans cet état que votre commission, après avoir reçu l'amendement de M. Paris et en rendant pleine justice au sentiment de droit et d'équité qui l'a dicté, a pensé que l'insertion de cette disposition dans la loi ne présentait pas un caractère d'utilité assez marqué. Est-il d'une bonne méthode, quand on opère par voie de législation spéciale comme dans le cas qui nous occupe, de dire quelque chose qui rentre absolument dans les principes généraux auxquels on n'entend d'ailleurs apporter aucune espèce d'innovation ?

Nous ne le pensons pas.

Quel danger peut-il y avoir ? Est-ce qu'il peut venir à l'esprit d'un jurisconsulte, d'un tribunal quelconque, de rejeter sur le voiturier la responsabilité qui incombe au destinataire, du moment que la chose a été remise entre ses mains et que depuis lors il en a eu la garde exclusive ?

L'honorable M. Paris ne va pas jusqu'à affirmer cela : mais il dit : La loi n'est pas faite seulement pour les avocats et pour les juges : elle est faite pour tout le monde ; et les commerçants pourront éprouver une sorte de trouble dans leurs sentiments personnels si on ne leur dit pas qu'à partir du jour où ils ont pris possession de la chose, ils en sont responsables et qu'ils sont obligés d'établir la faute du voiturier.

Messieurs, les commerçants ne se tromperont pas à ce point sur leur véritable situation. Dans tous les cas, il suffit que la loi soit claire, nette, précise, et ne puisse laisser aux tribunaux chargés de l'interpréter aucun doute, pour que (l'honorable M. Paris me permettra l'expression) on ne l'alourdisse pas par une disposition qui ne peut présenter aucun intérêt véritable.

En somme, le texte de la loi ne contient aucune dérogation aux principes généraux en matière de preuve.

Les documents parlementaires qui l'entourent, l'exposé des motifs du Gouvernement, le rapport qui a été fait à la Chambre et celui qui a été fait au Sénat viennent tous proclamer qu'il en est ainsi. Je crois qu'il n'y a aucune crainte à avoir, qu'aucune préoccupation ne peut rester dans l'esprit de personne et que, par suite de cette déclaration répétée à la tribune, l'honorable M. Paris lui-même voudra bien se déclarer satisfait et ne pas insister pour l'admission de son paragraphe additionnel.

Dans tous les cas, je demande au Sénat, au nom de la commission, de vouloir bien écarter cet amendement.

M. George. — Messieurs, je ne veux pas rentrer dans la discussion de droit. Je tiens seulement à donner au Sénat un renseignement de fait. Il en tirera la conséquence qu'il croira devoir en tirer.

La question n'est pas nouvelle, elle s'agite en France aujourd'hui ; mais depuis plusieurs années elle a été traitée dans les conférences internationales européennes. A l'heure où je parle, il existe un code de commerce international sur la matière, qui a été longuement discuté à Berne et qui a été accepté par les délégués de la Russie, de l'Allemagne, de la Hongrie, de l'Autriche, de l'Italie, de la Belgique, de la Hollande et de la France.

Cette question est tranchée ; je vous demande simplement la permission de vous donner lecture du texte qui a été accepté. Primitivement, en 1878, on avait adopté un projet qui s'écartait beaucoup plus du droit français. Il a été modifié, et voici quel est le texte qui, après bien des pourparlers, a été définitivement adopté.

Vous verrez que, dans cette rédaction, la commission internationale a jugé à propos de faire figurer un texte spécial, comme le demande M. Paris, c'est l'article 44 du projet international qui a été arrêté à Berne, qui n'est pas encore soumis aux Chambres, mais qui sera, je crois, ratifié prochainement par les représentants diplomatiques de toutes les puissances qui ont concouru à cette conférence.

Cet article 44 est ainsi conçu :

« Le payement du prix de transport et des autres frais à la charge de la marchandise et la réception de la marchandise, éteignent contre les chemins de fer toute action provenant du contrat de transport.

« Toutefois, l'action n'est pas éteinte :

« 1° Si l'ayant droit peut fournir la preuve que le dommage a pour cause un dol ou une faute grave du chemin de fer ;

« 2° En cas de réclamation pour cause de retard, lorsqu'elle est faite à l'une des administrations désignées comme responsables par l'article 27, alinéa 3, dans un délai ne dépassant pas sept jours, non compris celui de la réception ;

« 3° En cas de réclamation pour défauts constatés, conformément à l'article 25, avant l'acceptation de la marchandise par le destinataire, ou dont la contestation aurait dû être faite conformément à l'article 25 et n'a été omise que par la faute du chemin de fer ;

« 4° En cas de réclamation, pour dommages non apparents extérieurement, dont l'existence est constatée après la réception, mais seulement aux conditions suivantes :

« La demande en constatation faite au chemin de fer ou au tribunal compétent, conformément à l'article 25, doit avoir lieu immédiatement après la découverte du dommage et, au plus tard, dans les sept jours à partir de la réception de la marchandise. »

Primitivement il y avait un délai encore plus long ; sur la réclamation des compagnies françaises, les délégués de la France ont insisté pour que l'on réduisît le délai, et on est tombé d'accord sur le délai de sept jours.

Vous acceptez le délai de trois jours, c'est un délai qui est plus favorable aux compagnies, moins favorable au public.

Il est dit dans le texte que je cite :

« Dans les sept jours à partir de la réception. »

Puis, seconde condition :

« L'ayant droit doit prouver que le dommage s'est produit dans l'intervalle écoulé entre la remise au transporteur et la livraison. »

C'est-à-dire qu'il y a ici l'*onus probandi*, la charge d'une preuve spéciale qui est, d'une façon très nette, et quelle que soit la législation de chaque Etat, mise à la charge de celui qui demande à faire réparer le dommage non apparent au moment de la livraison.

Il y a là, par conséquent, un texte qui rentre absolument dans l'esprit de l'addition proposée par l'honorable M. Paris. Je ne vous lis pas le reste de l'article, qui impose d'autres conditions dont nous n'avons pas à tenir compte. Je rappellerai seulement au Sénat que, lorsqu'il s'agira de voter l'article qui a été ajouté à l'article 108 : « Toutes stipulations contraires aux dispositions de l'article 105 et du présent article sont nulles et sans effet », il devra adopter une modification respectant ce code de commerce international qui règle les transports entre les nations.

Je me borne simplement à poser des réserves sur ce point spécial, pour lequel je désirais donner un renseignement de fait au Sénat.

M. le rapporteur. — Messieurs, les observations de l'honorable M. George soulèvent une question qui n'a point été traitée en 1re délibération, que la Chambre des députés n'a point voulu aborder, mais dont on trouve les indications dans l'exposé des motifs du Gouvernement.

J'ajoute que la commission du Sénat a pensé, comme la Chambre, que la distinction que certaines législations étrangères font entre les avaries occultes et les avaries apparentes n'a que des inconvénients, sans aucune utilité applicable.

Vous en trouverez à ce sujet des motifs très développés dans le projet du Gouvernement. La commission extra-parlementaire qui avait été instituée au Ministère de la Justice avec le concours des départements des travaux publics, de l'agriculture et du commerce, a tenu en effet à s'expliquer très longuement sur ce point.

Vous verrez que cette commission a pensé que faire une distinction entre les avaries occultes et les avaries apparentes c'était ouvrir une nouvelle porte aux procès ; qu'il y avait là nécessairement une question d'appréciation de fait ; que les parties placées en face de la déchéance éventuelle édictée par le nouvel article 105 commenceraient incontestablement par discuter ce point de savoir si l'avarie était apparente ou était occulte ; que c'était, par conséquent, un nouveau procès qui allait se greffer sur le premier : qu'il était certainement plus conforme à l'esprit de simplification qui est le caractère particulier de la législation française de s'en tenir à l'unification en matière d'avaries.

Je reconnais donc, avec l'honorable M. George, que certaines législations étrangères font la distinction dont nous parlons, et je reconnais encore que dans le projet de convention internationale actuellement en préparation la même distinction est reproduite, et j'en trouve la manifestation dans le passage qui a été lu par l'honorable M. George. Oui, dans le cas qu'il a cité, c'est-à-dire dans le cas de dommages-occultes, l'*onus probandi* est expressément laissé, par le projet de convention internationale, à la charge du destinataire.

Cela, je le comprends.

Oui, je comprends que dans le système où se place la commission qui a préparé le projet de codification des rapports internationaux en matière de transports, étant donnés des dommages qui n'avaient point apparu lors de la réception, et surtout avec l'allongement porté à sept jours et plus du délai de protestation, je comprends, dis-je, qu'on ait tenu à dire expressément que la charge de la preuve restait au destinataire.

Mais nous n'en sommes pas là.

Si le Sénat veut reprendre la distinction entre les avaries occultes et les avaries apparentes, alors, la question de l'honorable M. George a son importance ; mais le Sénat n'a pas repris cette distinction, et je suis convaincu, d'après les raisons données dans l'exposé des motifs, qu'il ne la reprendra pas. Nous sommes donc en face d'un projet où les règles sont les mêmes pour toutes les espèces d'avaries. Et alors nous disons qu'il est conforme aux règles générales en matière de transport, alors qu'aucune atteinte n'est portée aux principes en matière de preuves, alors que le voiturier n'a plus la chose en sa garde et qu'elle est passée aux mains du destinataire, que ce soit à celui-ci, s'il se plaint des avaries occultes dont il aura reconnu l'existence après sa prise de possession, à prouver que ce n'est pas pendant le temps qu'il a eu la chose entre les mains que l'avarie est arrivée, et d'établir au contraire que l'avarie s'est produite avant sa prise de possession.

Cela paraît tellement évident à votre commission, qu'il lui semble inutile de mettre dans une loi spéciale des dispositions qui ne peuvent souffrir aucune espèce de controverse et qui sont l'application du droit général auquel personne ne songe à apporter de changement.

Je persiste donc, au nom de la commission, à demander à l'honorable M. Paris de reconnaître que la loi telle que nous la proposons lui donne satisfaction, et au Sénat de ne pas voter cet article additionnel.

M. Paris. — Messieurs, si la commission n'avait pas proposé de modification à l'article 105 et n'avait pas édicté la sage disposition qui résulte du délai de réclamation pendant trois jours francs, je reconnais que les principes généraux en matière de transport et de preuve rendraient inutile l'insertion dans le texte de la loi de l'addition que je vous propose. Mais quand un changement est introduit dans un texte de loi, il faut envisager les conséquences qu'il entraîne. Malgré la réception et le payement de la lettre de voiture, un délai est accordé au destinataire pour formuler ses réclamations.

Il sera amené à se dire : Je me trouve pendant ce délai exactement dans la même situation que si je n'avais pas reçu la marchandise. Et, par conséquent, je n'ai pas de preuve à faire. C'est au transporteur à se tirer d'affaire comme il pourra.

Voilà la prétention qui a été formulée, et elle était assez sérieuse au point de vue du droit pour qu'elle fût discutée, non seulement devant la commission extra-parlementaire qui a préparé le projet, mais devant la Cour de cassation elle-même.

La question se pose aujourd'hui devant le corps législatif. Puisqu'une difficulté existe, n'est-il pas plus simple que cette difficulté soit résolue ?

M. le rapporteur ne fait en principe aucune objection à mes propositions : mais il lui paraît inutile d'insérer dans un texte de lois des dispositions qui ne font que reproduire les principes généraux.

Mais le même reproche pourrait s'adresser aux articles 103 et 104. Personne n'a songé à critiquer ces articles, que je complète dans le même esprit par le paragraphe additionnel à l'article 105.

Je ne vois donc aucune difficulté à l'adoption de l'amendement, et j'y trouve un avantage : c'est d'éclairer les destinataires, dont vous voulez, avec raison, améliorer la situation. En gardant le silence sur les effets du délai de protestation, vous courriez risque de leur tendre fort involontairement un piège et de les amener à croire que le délai de réclamation vient se confondre avec le délai de transport et les dispense de la preuve ; dites le contraire, ce sera beaucoup plus simple, et ce ne sera pas une nouveauté.

L'honorable M. George, que je remercie de son concours vous a dit que la question a paru assez sérieuse pour que, dans le projet de loi qu'on prépare sur les transports internationaux, on ait jugé bon de s'expliquer à ce sujet.

La commission internationale a distingué entre les avaries apparentes et les avaries occultes, et proposé pour les unes et pour les autres des règles diverses. Je ne veux pas entraîner le Sénat sur ce terrain ; j'adopte simplement, au point de vue de la preuve, les règles beaucoup plus simples devant lesquelles M. le rapporteur s'incline. A partir de la réception, le destinataire est tenu d'établir que le fait dont il se plaint s'est produit antérieurement à sa prise de possession.

Les lois françaises doivent être empreintes de l'esprit français ; et ce qui distingue l'esprit français, c'est la clarté.

Je termine en vous citant un mot de Talleyrand:

« Si cela va sans dire, cela ira encore bien mieux en le disant ! »

M. Loubet, Ministre des Travaux Publics. — Je demande la parole.

M. le président. — La parole est à M. le ministre des travaux publics.

M. Loubet, Ministre des Travaux Publics. — Messieurs, je n'attache pas au fond, une très grande importance au débat qui vient de se produire devant le Sénat. Je crois, comme la commission, comme M. le rapporteur, qu'il est absolument inutile d'incorporer l'amendement de l'honorable M. Paris dans l'article 105 du paragraphe final. Cet amendement me paraît une superfluité. L'accepter, ce serait mettre dans un article de loi une disposition plus générale que le texte, une disposition qui est de thèse dans toutes nos lois civiles. C'est comme si, à propos d'une modification à introduire dans un article quelconque du code civil, on venait réclamer l'introduction du principe concernant l'administration de la preuve.

Ce que l'on demande, c'est — permettez-moi de le dire — un axiome juridique qu'il est inutile d'incorporer à tous les textes qui viennent en délibération devant une assemblée législative. Je m'associe donc entièrement à la rédaction proposée par la commission et repousse l'amendement de M. Paris.

Comme j'ai l'intention, tout à l'heure, de vous demander de voter dans toutes ses parties le texte sorti des délibérations de la Chambre des députés, — texte conforme dans ses lignes essentielles au projet déposé par le Gouvernement, il y a deux ans environ, — je profite de mon passage à la tribune pour répondre à l'argument tiré par l'honorable M. George des travaux faits au congrès de Berne pour la rédaction d'un Code international des transports.

Dans l'art. 44, en effet, une disposition semblable à celle que l'honorable M. Paris voudrait incorporer dans l'article 105 a été insérée.

L'honorable M. Paris dit: Voilà ce que, au point de vue international, on a cru bon de faire ; pourquoi ne le ferait-on pas dans la législation française ?

Permettez-moi, messieurs, de répondre que l'argument ne me paraît pas aussi concluant que l'a pensé l'honorable M. Paris. Outre la raison donnée tout à l'heure par l'honorable M. Demôle, raison tirée de la divergence qui existe entre la législation française et la totalité ou la presque totalité des législations étrangères qui distingue les avaries apparentes des avaries occultes, il en est une autre, considérable selon moi : il faudrait, pour que l'argument de l'honorable M. Paris eût la force d'introduire la conviction dans les esprits, il faudrait prouver à cette tribune que dans les législations des pays représentés au congrès de Berne il y a unanimité complète en ce qui concerne l'administration de la preuve et conformité parfaite avec la législation française.

Qui nous dit que dans les législations espagnole, italienne, hollandaise, allemande ou russe il n'existe pas de divergence en ce qui concerne l'administration de la preuve en matière de contrats de transports ?

Et si ces divergences existent — c'est probable, je n'ai pas eu le temps de le vérifier — il est naturel que dans un code en préparation, un code international, on édicte une disposition pouvant s'appliquer à toutes les nations représentées au congrès.

Voilà l'explication de ce texte. S'il en était autrement, il ne se comprendrait pas plus dans un règlement international que dans la législation intérieure de la France.

C'est pour ces motifs messieurs, que je demande au Sénat de repousser l'amendement de M. Paris.

M. le président. — Personne ne demande plus la parole ?...

Je mets aux voix l'amendement de M. Paris dont je donne une nouvelle lecture :

« A partir de la réception, le destinataire est tenu d'établir que le fait dont il se plaint s'est produit antérieurement à sa prise de possession. »

(L'amendement, mis aux voix, n'est pas adopté.)

M. le président. — « Art. 108. — Les actions pour avaries, pertes ou retards, auxquelles peut donner lieu contre le voiturier le contrat de transport, sont prescrites dans le délai d'un an, sans préjudice des cas de fraude ou d'infidélité.

« Toutes les autres actions auxquelles ce contrat peut donner lieu, tant contre le voiturier ou le commissionnaire que contre l'expéditeur ou le destinataire, sont prescrites dans le délai de cinq ans.

« Le délai de ces prescriptions est compté, dans le cas de perte totale du jour où la remise de la marchandise aurait dû être effectuée, et, dans tous les autres cas, du jour où la marchandise aura été remise ou offerte au destinataire.

« Il n'est pas dérogé aux dispositions de l'article 541 du code de procédure civile.

« Le délai pour intenter chaque action récursoire est d'un mois. Cette prescription ne court que du jour de l'exercice de l'action contre le garanti.

« Dans le cas de transports faits pour le compte de l'Etat, la prescription ne commence à courir que du jour de la notification de la décision ministérielle emportant liquidation ou ordonnancement définitif.

« Toutes stipulations contraires aux dispositions de l'article 105 et du présent article sont nulles et sans effet. »

Sur cet article 108, un amendement est présenté par M. Bozérian.

M. Bozérian, de sa place. — La commission m'a donné satisfaction, monsieur le président.

M. le rapporteur. — Je demande la parole.

M. le président. — La parole est à M. le rapporteur.

M. Demôle, rapporteur. — Messieurs, en 1re délibération, conformément à ce qui avait été voté par la Chambre des députés, et conformément aussi aux propositions de votre commission, vous avez établi la prescription d'un an pour toutes les actions dérivant du contrat de transport.

Je rappelle au Sénat que ces actions peuvent se classer de la manière suivante : actions pour perte totale ou partielle ; actions pour avaries ; actions pour retards, et enfin actions portant sur le quantum de la somme due pour prix de la voiture.

Je crois que, suivant les circonstances particulières, il pourrait exister d'autres actions ne rentrant pas exactement dans le cadre que je viens d'indiquer : mais, le plus généralement, les actions dérivant du contrat de transport rentreront dans l'une de ces quatre catégories.

Ainsi, avaries, pertes, retards, fixation du prix de la voiture, tels sont les objets des contestations qui s'engagent communément entre le voiturier et le destinataire.

En 1re délibération, je le répète, et conformément aux propositions de votre commission, vous avez appliqué le délai d'un an pour l'accomplissement de la prescription à l'encontre de toutes les actions, tant au profit du voiturier qu'au profit du destinataire.

Dans l'intervalle des deux délibérations, votre commission a été saisie d'un amendement de l'honorable M. Bozérian, qui proposait d'étendre à cinq ans la durée de cette prescription.

Messieurs, nous n'avons pas donné satisfaction, d'une manière générale, à la prétention de notre collègue ; nous avons considéré que, pour le cas d'avaries, de perte totale ou partielle et retard, le délai d'un an pour intenter l'action était largement suffisant.

Mais, en ce qui touche les actions ordinairement dites « pour détaxe », indépendamment des considérations qu'a fait valoir l'honorable M. Bozérian nous avions été touchés d'un grand nombre de réclamations émanant de commerçants.

On nous a fait observer que ces questions de détaxes ou de surtaxes se rattachent à une étude très difficile de tarifs nombreux et compliqués ; que cette étude peut exiger des délais très longs ; que, d'un autre côté, le même commerçant peut avoir, plusieurs fois dans l'année, la même difficulté avec les compagnies de chemins de fer ou avec les transporteurs en général, pour différentes lettres de voiture.

D'un autre côté encore, on a fait valoir qu'un grand nombre de commerçants peuvent avoir le même intérêt à débattre avec les compagnies de chemins de fer ; que le jugement d'une action de cette nature est toujours forcément très long ; qu'il faut passer par tous les degrés de juridiction : l'intenter d'abord devant le tribunal de commerce, puis la porter devant la cour d'appel, et enfin, généralement, ces actions, qui engagent des questions de droit ou d'interprétation de contrat dont la Cour de cassation se réserve l'examen, doivent lui être soumises, si bien qu'il s'écoule quelquefois deux ans, trois ans, quatre ans, même davantage, avant qu'une solution définitive n'intervienne.

Dans ces conditions, fallait-il persister à soumettre ces actions à la prescription d'un an ? Mais alors les commerçants qui auront une même contestation pour plusieurs lettres de voiture seront obligés, au lieu de se grouper et de se syndiquer pour faire juger la question qui les intéresse, d'intenter isolément autant d'actions particulières.

Donc, outre que le système proposé donne une latitude plus rationnelle pour étudier ces questions si complexes et si nombreuses des tarifs des compagnies de chemins de fer, il a l'avantage de permettre de ne faire qu'un seul procès, et de faire juger la question d'une manière générale, de telle façon que tous les intéressés devront s'incliner, pour toutes les difficultés similaires, devant la décision qui sera définitivement intervenue sur l'espèce particulière soumise à la justice.

Enfin, il nous a paru que ce changement si radical dans la durée d'une action qui n'était soumise, jusqu'à ce jour, qu'à la prescription ordinaire, c'est-à-dire à la prescription trentenaire, et qui tout d'un coup se trouverait ramenée à la prescription d'une année, pourrait avoir quelques inconvénients.

Nous n'avons vu, au contraire, aucune difficulté à donner satisfaction à l'honorable M. Bozérian et aux réclamations qui nous étaient parvenues touchant les actions en détaxe ou en surtaxe et, en conséquence, à accorder la prescription de cinq ans.

Nous avons donc, par une nouvelle rédaction qui vous a été distribuée, distingué entre les actions pour avaries, pertes ou retard auxquelles peut donner lieu contre le voiturier le contrat de transport, et pour lesquelles nous maintenons la prescription d'un an, et les autres actions auxquelles ce contrat peut donner lieu tant contre le voiturier que contre le destinataire : pour ce dernier cas, nous vous proposons la prescription ordinaire en matière commerciale, celle de cinq ans.

Voilà, messieurs, l'explication de la modification que vous trouvez dans la nouvelle rédaction qui vous a été distribuée et que je demande au Sénat de vouloir bien adopter.

M. Paris. — Je demande la parole.

M. le président. — Je dois, auparavant, donner la parole à M. le Ministre du Commerce, qui l'a demandée.

M. le Ministre. — Je cède mon tour de parole à M. Paris.

M. le président. — La parole est à M. Paris.

M. Paris. — Messieurs, le projet du Gouvernement, tel qu'il a été adopté par la Chambre des députés et, en première lecture, par le Sénat, sur l'avis conforme de la commission, me paraît préférable à la rédaction proposée en 2e délibération et dont M. le rapporteur vient de vous donner connaissance.

Dans l'art. 108, tel que vous l'avez voté, il est dit que « les actions pour avaries, pertes ou retard, auxquelles peut donner lieu contre le voiturier le contrat de transport, sont prescrites dans le délai d'un an, sans préjudice des cas de fraude ou d'infidélité ».

Quelles sont les actions qui peuvent naître en matière de transport, en dehors de celles qui sont visées par le paragraphe 1er de l'article 108 : avaries, pertes, ou retard ? Ce sont les contestations si complexes qui naissent de l'application des tarifs, les actions en détaxe. Elles devenaient prescriptibles dans le délai d'une année ; et pourquoi, messieurs ? C'est que, dans l'intérêt commun des parties, aussi bien du commissionnaire de transports que du destinataire, il était désirable que les questions d'application de tarif fussent portées devant les tribunaux d'une manière assez rapide, assez expéditive, pour ne pas devenir pendant un temps considérable de véritables nids à procès, dans lesquels les parties auraient une situation absolument différente.

Et en effet, messieurs, pour exercer une action en matière de taxe, il faut, avant tout, conserver les documents qui se rattachent à la réclamation.

Or, vous savez que si les compagnies de transports gardent indéfiniment toutes leurs pièces dans leurs archives, il arrive au contraire, que les destinataires, après l'examen de leurs comptes d'année, se débarrassent de ces documents, qu'ils jugent inutiles, et perdent ainsi les armes défensives dont ils auraient à faire usage si on exerçait contre eux quelque réclamation.

Que vous propose la commission ?

C'est d'autoriser non seulement le destinataire, mais le voiturier à exercer pendant cinq ans les actions en réclamation pour fausse application de tarifs.

Le droit est réciproque ; l'action est ouverte pour cinq ans d'un côté comme de l'autre.

Dans ces conditions, non seulement vous éterniserez inutilement les contestations auxquelles peuvent donner lieu les questions de transport, mais vous sacrifierez souvent le destinataire au voiturier, qand le destinataire aura le rôle de défendeur.

Cette prescription nouvelle de cinq ans était-elle désirée ?

D'après le rapport qui a été déposé à la Chambre des députés, le comité central des chambres syndicales demandait un délai uniforme d'un an pour toutes les actions ; c'est en conformité de ce vœu que le Gouvernement a déposé son projet.

M. Munier. — Pardon ! c'est une erreur absolue !

M. Paris. — Je reconnais qu'il existe à l'appui de la prescription de cinq ans un motif que l'honorable M. Bozérian a fait valoir devant la commission.

Ce motif me paraît sérieux : il a converti M. le rapporteur : Des contestations en matière de tarifs peuvent porter sur des transports divers. Il est alors désirable qu'on ne fasse juger qu'un procès, en tenant les autres en réserve ; et comme les délais pour obtenir justice, alors qu'on est obligé de suivre toutes les juridictions s'étendent à plusieurs années, si on n'accorde pas un délai de cinq ans pour la prescription des actions en matière de taxes ; on obligera le destinataire à intenter immédiatement une série de procès.

Je répondrai à M. Bozérian en lui rappelant comment dans la pratique les choses se passent. Lorsque, en matière de tarifs, deux parties ont des difficultés relatives à des transports d'objets semblables, faits à intervalles par expéditions multiples, elles ont soin de convenir qu'on portera l'une des affaires litigieuses devant les tribunaux, et que les autres seront tenues à l'écart jusqu'à la solution définitive de l'instance, tous droits réservés.

C'est cet usage constant que perdait de vue M. Bozérian. Examinant les choses de plus haut, des sommets de la Cour de cassation, il jugeait nécessaire d'étendre la prescription à cinq ans dans l'intérêt de toutes les parties : il sacrifiait la pratique à la théorie.

Vous trouverez, je l'espère, messieurs, que le délai de cinq ans est inutile, et vous établirez une prescription uniforme d'un an, d'accord avec le Gouvernement et avec la Chambre des députés, conformément à votre premier vote.

Un sénateur — Ce n'est pas assez !

M. le président. — Vous avez la parole, monsieur le ministre.

M. le Ministre des Travaux Publics. — Je me réserve de répondre tout à l'heure à M. Bozérian.

M. le président. — La parole est alors à M. Bozérian ; mais auparavant, je ferai observer à M. Paris que le fond du débat c'est le texte qui a été voté en 1re délibération. Aujourd'hui, la proposition de la commission constitue un amendement.

Il en résulte que je devrai mettre d'abord cette proposition aux voix ; si elle est repoussée, je consulterai le Sénat sur le texte adopté en 1re délibération.

M. Paris. — Parfaitement, monsieur le président.

M. le président. — La parole est à M. Bozérian.

M. Bozérian. — Messieurs, c'est moi qui, lors de la 1re délibération, ai proposé de modifier le délai d'un an qui avait été fixé dans le projet du Gouvernement pour pouvoir exercer les actions dont il est question dans la proposition de loi. J'ai fait valoir devant la commission, et en présence de M. le Ministre des Travaux Publics qui ne m'a pas contredit à ce moment, les raisons qui me paraissaient de nature à faire porter le délai à cinq ans.

Aujourd'hui, notre honorable collègue M. Paris combat cette disposition, que j'avais été assez heureux pour faire adopter par la commission, et je sais qu'il doit trouver un auxiliaire dans M. le Ministre des Travaux Publics.

J'ai donc affaire à forte partie ; mais je puis compter aussi — j'en suis convaincu — sur le Sénat pour maintenir une disposition qui est à mes yeux, essentiellement utile.

J'avoue, messieurs, que parmi les arguments qui ont été présentés par l'honorable M. Paris il en est un qui m'a singulièrement étonné. Il semblerait, d'après lui, qu'il faudrait réduire de cinq ans à un an le délai des réclamations dans l'intérêt du destinataire.

Je répète que si parmi les arguments invoqués par mon honorable collègue il en est un qui m'ait confondu, c'est celui-là ! Je prétends, moi, — et j'espère le démontrer au Sénat, — que la réduction du délai constitue seulement un avantage pour les grandes compagnies et que ceux que vous allez sacrifier ce sont précisément ceux qui sont les plus dignes d'intérêt, c'est-à-dire les commerçants.

Je n'en veux d'ailleurs que cette preuve. Depuis la discussion de cette proposition, et à raison de la très minime part que j'y ai prise, j'ai reçu — permettez-moi de vous le faire savoir — un nombre considérable de lettres de commerçants qui tous m'ont dit : Monsieur en élevant à cinq ans le délai de prescription, vous ne ferez pas l'affaire des grandes compagnies.

Non, messieurs, nous ne voulons pas faire l'affaire des grandes compagnies, et, comme nous, vous ferez l'affaire des commerçants. C'est là ce que nous voulons ; c'est là ce que vous voudrez aussi.

Maintenant prenons les arguments que M. Paris m'a opposés.

Et d'abord, je tiens à vous faire remarquer que les litiges dont il est question s'engagent entre des commerçants et des compagnies de chemins de fer, et non avec de simples voituriers. Vous connaissez les difficultés des tarifs ; et si vous avez la patience d'aller à la bibliothèque, vous verrez un énorme volume beaucoup plus gros que le code que nous apportait, il y a quelques jours, un de nos honorables collègues ; un volume de 2,000 à 3,000 pages, dans lequel il faut faire des recherches. Je ne sais pas comment les habiles s'y prennent...

M. Paris. — Chaque commerçant a son texte.

M. Bozérian. — Oui, un texte de 3,000 pages. Il faut aussi bien tenir compte des ignorants, et j'en fais partie ; il est même quelquefois arrivé aux habiles de s'y perdre et à plus forte raison, aux ignorants, qui sont nombreux. C'est un labyrinthe dans lequel il est bien difficile de se guider.

M. Paris, qui ne veut pas, bien entendu, prendre uniquement l'intérêt des grandes compagnies, qui se préoccupe de l'intérêt des commerçants…

M. Paris. — J'ai dit que je me préoccupais de l'intérêt commun des parties.

M. Bozérian. — Soit ! je rectifie mon dire dans le sens de votre observation, et je répète avec vous que vous ne vous préoccupez, mon cher collègue, que de l'intérêt commun des parties. Nous allons voir quel est cet intérêt.

M. Paris vous a dit : Voici comment les choses se passent aujourd'hui. Il arrive fréquemment que le même fait donne naissance non seulement à une seule difficulté, mais à une série de contestations entre les compagnies de chemins de fer et les destinataires. On ne fait pas dix, vingt, cent procès ; non ! on n'en fait qu'un, et puis, quand ce procès est jugé, pour le surplus on se règle sur la décision qui est intervenue.

Vous avez raison ; mais vous oubliez une chose, c'est qu'aujourd'hui on a trente ans pour se retourner, et on comprend très bien la possibilité de cette convention entre les compagnies de chemins de fer et les destinataires.

Il est évident qu'avant l'expiration des trente ans on aura le temps de faire juger une première fois la question et que, quand elle sera jugée, on aura le temps de prendre une décision sur le surplus. Mais quand vous n'aurez plus qu'un an, les choses ne se passeront pas ainsi, et vous êtes, à cet égard, dans une illusion complète.

Comment ! les compagnies de chemins de fer seraient assez naïves pour se prêter à cette combinaison ? Ah ! il n'en sera rien. Elles diront aux destinataires, aux commerçants : Faisons juger la question, mais laissons les choses en suspens, et pour le surplus, nous verrons. Ce que vous nous proposez, c'est un marché de dupes. Le jour où les grandes compagnies sauront — et ce sont elles seules qui réclament dans les circonstances présentes, — qu'on n'a plus qu'un an pour exercer les actions, elles diront : « Laissons juger la question », puis non pas : « Nous réglerons l'affaire, mais nous verrons ».

Qu'est-ce que l'on verra ? C'est qu'au bout d'un an la prescription sera acquise et qu'il n'y aura plus moyen de plaider.

Voilà ce que j'ai à répondre à l'argument tiré de la pratique que faisait valoir tout à l'heure notre honorable collègue. Je le répète ce n'est pas admissible.

Et maintenant, quelles sont les raisons, considérables, selon moi, qui doivent vous déterminer à adopter, conformément à la grande majorité, — je ne serai pas téméraire en disant à l'unanimité, non pas des grandes compagnies, mais des commerçants, — à adopter ce délai de cinq ans qui les sauvera d'exactions et de surtaxes dont ils sont trop souvent les victimes ? Vous allez permettre que pendant cinq ans on exerce contre eux une action en surtaxe !

Eh bien, soit ! nous voulons bien qu'on exerce contre eux cette action parce qu'il faut que la loi soit la même pour tout le monde. Seulement, cette situation se trouve compensée largement par cette autre, de ne pas être obligés de payer plus qu'ils ne doivent aux compagnies. Cela se traduit, pour le commerce, par des millions, sachez-le bien. Chaque petite expédition coûte 1 fr., 1 fr. 50 ; mais lorsque c'est répété pendant plusieurs années, cela se traduit, je le répète par des millions. Eh bien, il ne faut pas que le commerce paye ces millions ; il faut que vous le sauviez et que vous preniez sa défense contre les grandes compagnies.

Maintenant, voyons s'il n'y a pas les raisons les plus sérieuses pour allonger ce délai d'un an, qui, dans tous les cas, est beaucoup trop court et le porter à cinq ans. Je comprendrais très bien que si nous étions en présence de l'ancien état de choses, de ce vieux système de roulage, de ces grosses voitures qui circulaient lentement sur les routes et qui mettaient tant de temps à arriver à destination, je comprendrais, dis-je, très bien que ce délai pût être réduit à un an sans inconvénient. Et cependant le législateur avait admis le délai de trente ans. Mais aujourd'hui tout est changé, modifié, que tant de difficultés naissant de l'application des tarifs sont survenues depuis cette époque, nous voulons substituer au délai de trente ans un délai d'un an seulement ! Cela n'est pas admissible.

Mais réfléchissez donc. Je comprendrais encore, si le litige se trouvait circonscrit entre une seule compagnie de chemin de fer et un destinataire, que l'on pût soutenir que le délai d'un an est suffisant ; mais les choses ne se passent pas ainsi. Aujourd'hui, un colis passe par quatre, cinq, six voituriers, — voituriers français ou étrangers ; — et lorsque la difficulté naît, il y a d'abord à déterminer la personne qui est responsable parmi toutes celles qui ont été successivement chargées du transport.

Voilà une première question qu'il faut examiner et qui, autrefois, ne pouvait pas se produire.

On parlait tout à l'heure de la pratique : mais, à l'heure actuelle, voici ce qui arrive : avant que l'action judiciaire ne prenne naissance, il y a d'abord des tentatives d'entente à l'amiable. On ne saisit pas tout de suite les tribunaux. On essaye de s'entendre à l'amiable. Les compagnies de chemins de fer sont fort habiles : elles peuvent, et j'ajoute qu'elles doivent quelquefois faire durer, et cela très légitimement, la période de la tentative d'arrangement amiable, car, ainsi que je le disais tout à l'heure, lorsqu'une marchandise a passé par cinq ou six voituriers successifs, où irez-vous rechercher sur qui doit retomber la responsabilité. Qui est en faute, qui a commis l'erreur ? Il s'engagera une série de pourparlers entre les transporteurs successifs de la marchandise. Ces tentatives d'arrangement à l'amiable entraînent quelquefois de longs mois pour arriver à une solution. Et cependant, le délai court toujours.

Il n'y a à cela aucun inconvénient, aujourd'hui que le délai est de trente ans; mais, demain, s'il n'est plus que d'un an, ce délai sera-t-il suffisant et êtes-vous bien sûrs que ces tentatives ne prendront pas plus de temps ? Réfléchissez à ce côté de la question, messieurs.

Et puis, si les tentatives amiables ont échoué, il faut intenter un procès. On disait tout à l'heure comment les choses se passaient : on ne peut pas juger cinq cents fois la même question et alors on la fait juger une fois à propos d'une somme insignifiante ; mais cette somme insignifiante se multiplie tant de fois qu'elle finit par se traduire par des millions.

Autrefois, quand on avait trente ans, on prenait son temps pour faire juger la question ; mais songez combien il faut de temps pour obtenir une solution définitive !

Ah ! si l'on allait devant un tribunal qui pût, en quelques semaines, en quelques mois, donner une décision définitive, ce serait fort bien; mais il faut aller devant le tribunal de commerce, et combien de temps l'instance dure-t-elle ?

M. Oudet. — Un an.

M. Bozérian. — Mon collègue M. Oudet me dit : un an : je crois que ce délai est bien court, car à Paris cela prend en général plus d'un an. Mettons cependant, je le veux bien, un an pour le tribunal de commerce. On va ensuite devant la cour d'appel. Combien de temps cela dure-t-il ?

M. Oudet. — Deux ans.

M. Bozérian. — Je vais encore suivre vos indications, mon cher collègue, elles sont d'ailleurs parfaitement exactes. Puis on se pourvoit devant la cour de cassation; combien de temps faut-il encore attendre ?

M. Oudet. — Trois ans.

M. Bozérian. — Nous arrivons ainsi à plus de cinq ans. Enfin, il faudra peut-être aller devant la cour de renvoi.

Combien de temps cela demandera-t-il ?

Vous voyez, je le répète, que nous dépassons même le délai de cinq ans.

Et remarquez que c'est une question de principe qu'il faut faire juger, entre un expéditeur, si vous le voulez, et une compagnie de chemins de fer, et qu'il faudra ensuite faire juger pour la généralité des commerçants. Voilà, messieurs, les raisons sérieuses qui m'ont décidé à proposer de porter à cinq ans la durée de la prescription.

La commission a bien voulu se rendre à mes raisons, que je crois bonnes, et sur lesquelles j'appelle toute l'attention du Sénat.

Messieurs, je vous supplie, en terminant, d'entendre les doléances du commerce.

Je vous le disais à la 1re délibération : Qui donc a réclamé la modification de l'article 108 ?

Ah ! pour celle de l'article 105, oui, tout le monde l'a réclamée : les chambres de commerce et les chambres syndicales. Mais l'abréviation des délais fixés autrefois par l'article 108, qui l'a réclamée ? Les grandes compagnies, et rien que les grandes compagnies ! Si vous voulez faire leurs affaires, vous en êtes les maîtres ; mais quant à moi, je remplis un devoir sérieux en venant prendre ici la défense des petits et des humbles, la défense des commerçants. Je vous conjure, messieurs, de vous inspirer de ces sentiments quand vous rendrez votre décision et de vouloir bien adopter les propositions nouvelles de la commission.

M. le président. — La parole est à M. le ministre des travaux publics.

M. Loubet, ministre des travaux publics. — Messieurs, je viens à la tribune pour combattre la rédaction de la commission, adoptée à la demande de l'honorable M. Bozérian.

Je le fais sans accepter en aucune façon la critique par laquelle il a commencé et terminé son discours. Je ne combats pas cette rédaction pour faire les affaires des grandes compagnies. Ce n'est pas là le rôle du Gouvernement, ce n'est pas celui du Sénat; nous faisons une œuvre de législation qui doit s'appliquer aux uns comme aux autres, aux petits comme aux gros, aux destinataires comme aux commissionnaires ou entrepreneurs de transport, quels qu'ils soient, par voie de fer, par eau ou par terre.

Nous avons à examiner d'abord s'il y a ou s'il n'y a pas de bonnes raisons pour raccourcir le délai proposé par la commission, et, en second lieu, s'il n'y a pas de très bonnes raisons pour limiter à un délai unique la prescription de toutes les actions qui peuvent naître du contrat de transport.

Permettez-moi, messieurs, de vous dire que l'honorable M. Bozérian me semble avoir oublié le double motif du projet de loi et la double pensée dont se sont inspirés ceux qui réclamaient la modification dont il s'agit.

Il a rappelé que des modifications à l'art. 105 avaient été demandées par la généralité des chambres de commerce. Cela est très exact ; mais il aurait dû ajouter immédiatement qu'une modification était réclamée à l'art. 108 avec une non moins grande unanimité, et avec plus de raison encore ; car la déchéance de l'ancien article 105 couvrait un grand nombre des réclamations...

M. Léon Clément — C'est évident !

M. le ministre. — ...qui pouvaient naître relativement à l'application des tarifs tandis que l'article 108 n'empêchait pas les compagnies de chemins de fer de produire pendant la durée de la prescription trentenaire les réclamations qu'elles pouvaient avoir à faire au sujet d'un moins-perçu.

De sorte que, lorsque le destinataire était forclos de par l'article 105, relativement à toute réclamation, concernant l'application d'une taxe qu'il avait acquittée, les compagnies, au contraire, avaient encore trente ans pour faire décider, à l'encontre du destinataire, qu'elles n'avaient par reçu ce que leurs tarifs leur donnaient le droit de percevoir. C'est là le sujet des réclamations les plus vives qui aient été soulevées dans le commerce, dans les chambres syndicales et dans tous leurs organes autorisés.

C'est pour répondre à cette double préoccupation que le Gouvernement institua une commission.

Il faut voir, messieurs, ce que cette commission a dit et sur l'une et sur l'autre question.

Eh bien, je ne crois pas être dans l'erreur en affirmant ici — et je vais le prouver dans un instant — que toutes les personnes consultées ont été d'avis de réduire à un délai relativement court la prescription pour tous les genres d'actions qui pourraient naître du contrat de transport ; et cela parce que, au lieu de raisonner comme M. Bozérian et de dire : « Les prescriptions courtes se comprennent lorsqu'il s'agissait des transports par voie d'eau ou de terre, » on a dit, au contraire : « Aujourd'hui, à une époque où tout marche à la vapeur et où, on peut l'espérer, tout marchera bientôt à l'électricité, il faut bien que la durée des prescriptions s'accommode un peu au mouvement qui s'est fait dans le monde commercial, dans le monde des expéditeurs, des destinataires et des compagnies de transports. »

Cela est si vrai, messieurs, que les autorités consultées ont répondu en fixant, en général, un délai beaucoup plus court que celui que la Chambre des députés a adopté, le délai d'un an.

Pour le démontrer, je vais citer très rapidement quelques passages des documents que j'ai sous les yeux.

On a parlé tout à l'heure de l'opinion de la cour de cassation ; voici, messieurs, ce que je lis, relativement à ces deux questions, « réduction du délai de la prescription et unification de ce délai, » dans le très remarquable rapport de M. le président Massé, parlant au nom de la commission.

« Cela posé, il semble que, pour donner satisfaction complète aux pétitionnaires, il suffira d'introduire dans l'article 105 modifié, quant au délai, une disposition aux termes de laquelle la prescription établie par cet article serait applicable à toutes les actions auxquelles pourrait donner lieu l'inexécution des conditions du contrat de transport, ce qui comprendrait les actions en détaxe comme toutes les autres. »

L'auteur du rapport vient de viser les réclamations auxquelles je faisais allusion tout à l'heure, lorsque je parlais des voituriers à qui la prescription de trente ans était seule applicable. Il ajoute :

« Il semble juste en même temps d'appliquer cette même prescription aux actions du voiturier contre l'expéditeur. La prescription des actions auxquelles donnerait lieu l'inexécution des conditions du contrat de transport aurait pour point de départ, comme celle des actions pour avaries, le jour de la remise de la marchandise. »

Ainsi donc, pour toutes les actions, quelles qu'elles soient, qui peuvent naître du contrat de transport, aussi bien celles du voiturier contre le destinataire ou l'expéditeur que celles qui peuvent compéter au destinataire ou à l'expéditeur contre le voiturier, prescription semblable ; et vous savez, messieurs, que la cour de cassation proposait un délai de six mois ou de trois mois, selon les cas, délai que la Chambre des députés n'a pas adopté, puisqu'elle s'est arrêtée au délai d'un an.

Messieurs, les chambres syndicales dont on a parlé tout à l'heure, et au nom desquelles l'honorable M. Bozérian revendique une prescription quinquennale, ont aussi exprimé leur opinion. Cette opinion, l'honorable M. Paris a commencé à la faire connaître par une citation que je vous demanderai la permission de compléter. Vous la trouverez, cette même opinion, exprimée tout au long dans l'exposé des motifs du projet de loi déposé à la Chambre des députés ; c'est celle de la commission extraparlementaire ; j'arriverai tout à l'heure à celle des chambres syndicales.

Je lis donc dans l'exposé des motifs :

« En présence de la déchéance absolue prononcée par l'article 105 tel qu'il est aujourd'hui rédigé, déchéance qui permettrait rarement au destinataire d'exercer utilement son action, il n'y avait aucun inconvénient à laisser pendant six mois ou un an le voiturier sous le coup d'une action qui, peut-être, était déjà éteinte autrement que par la prescription ; mais, de même que la commission a pensé que si l'article 105 était mo-

difié dans un sens qui permettrait au destinataire de conserver son action malgré la réception des marchandises et le payement du prix de la voiture, l'action ainsi conservée
devrait être exercée dans un très court délai, elle a pensé aussi que pour toutes les actions autres que celles pour avaries, perte partielle ou retard, il importait également que
voituriers et destinataires ne restassent pas trop longtemps exposés à la menace d'une
réclamation que le réclamant lui-même a intérêt à former promptement si elle repose sur
un fondement sérieux. Elle vous propose donc de réduire à deux mois pour les expéditions faites dans l'intérieur de la France, et à six mois pour les expéditions faites de
l'étranger, la prescription pour toutes actions résultant du contrat de transport et autres
que celles pour avaries ou retard. La facilité des communications entre les diverses
parties de la France et du monde lui ont fait considérer ce double délai comme suffisant. »

Et puis, arrivant à l'article 108, qui spécifie encore davantage :

« Il suffira, d'ailleurs, d'introduire, dans l'art. 108 modifié quant au délai, une disposition aux termes de laquelle la prescription établie par cet article serait applicable à
toutes les actions auxquelles pourrait donner lieu l'inexécution des conditions du contrat de transport, pour que les actions en détaxe y soient comprises comme toutes les
autres. Cette même prescription s'appliquera aux actions du voiturier contre l'expéditeur. La prescription des actions auxquelles donnerait lieu l'inexécution des conditions
du contrat de transport aura pour point de départ, comme celle des actions pour avaries,
le jour de la remise de la marchandise. »

Ainsi vous voyez, messieurs, que la cour de cassation et la commission extraparlementaire ont été du même avis.

Quant aux chambres syndicales, leur opinion est consignée dans le rapport de l'honorable M. Gaillard à la Chambre des députés.

Si vous voulez bien vous reporter à ce rapport, vous verrez très longuement énumérées
les raisons pour lesquelles les chambres syndicales demandent la fixation d'un court
délai au bout duquel toutes les actions devront être éteintes ; et vous y remarquerez
aussi la préoccupation que j'indiquais tout à l'heure : celle d'échapper à l'action des
compagnies, action dont la durée était de trente ans.

Je me borne, messieurs, à indiquer le passage ; je ne veux pas le lire, pour épargner
une fatigue au Sénat.

J'ai le droit de dire que tous ceux qui ont été consultés ont émis un avis unanime.
Ils ont pu différer d'opinion sur la durée du délai : la cour de cassation le voulait très
court, beaucoup plus court ; la Chambre l'avait fixé d'abord à six mois ; plus tard, conformément aux conclusions d'un rapport supplémentaire, elle s'est ralliée au délai
d'un an ; mais l'unanimité s'est produite partout pour arriver à l'extinction des actions, à la prescription, en d'autres termes, de toutes les actions dans un délai extrêmement réduit.

L'honorable M. Demôle lui-même, dans le rapport qu'il a déposé sur le bureau du
Sénat, a fait connaître en termes excellents l'opinion première de la commission.
Je cite :

« La Chambre des députés est allée plus loin dans cette voie d'uniformisation. Le
texte voté par elle supprime la distinction entre les expéditions faites dans l'intérieur de
la France et celles faites de l'étranger ; quant à la prescription, elle sera acquise pour
toutes actions dérivant du contrat de transport par l'expiration du délai d'un an compté,
dans le cas de perte totale, du jour où la remise de la marchandise aurait dû être effectuée et, dans tous les autres cas, du jour où la marchandise aura été remise ou offerte
au destinataire, sans préjudice des cas de fraude ou d'infidélité.

« Votre commission pense que cette solution est la meilleure, et elle vous en propose
l'adoption.

« Pourquoi ces délais si courts d'un mois et de trois mois ? »

Et le rapporteur arrive à cette conclusion : Le délai d'un an satisfait tout le monde,
acceptons le délai d'un an !

Donc, votre commission elle-même, messieurs, a été d'avis que la prescription d'un
an, prescription unique, était suffisante et répondait à tous les desiderata et à tous les
besoins.

Puisqu'on a indiqué tout à l'heure comme précédent, à propos d'une autre question,
les travaux du congrès de Berne, j'ajoute que là on s'est aussi préoccupé de la question ;
on a voulu indiquer une solution qui serait soumise à tous les gouvernements représentés au congrès.

Eh bien, croyez-vous qu'on ait cherché à justifier un délai plus long que celui que,
pour notre législation intérieure, je demande au Sénat de vouloir bien adopter ?
C'est précisément ce délai d'un an qui pour les transports internationaux est fixé
comme devant éteindre toutes les actions ; et cependant il y avait lieu d'élargir un peu
plus le délai pour les transports qui se font en dehors du territoire et qui intéressent
plusieurs nations.

Voici ce que je lis dans le récent ouvrage de M. Picard sur les travaux du congrès de
Berne...

M. Munier. — C'est le congrès des compagnies.

M. le ministre. — N'en parlons pas si vous le voulez. Mais lorsqu'on l'invoque dans un sens, vous ne trouverez pas mauvais que je m'en serve pour mon argumentation.

Voici, messieurs, comment s'exprime l'auteur que j'ai cité, en ce qui concerne les travaux du congrès de Berne :

« L'ayant droit a un délai de sept jours, non compris celui de la réception, pour présenter des réclamations fondées, soit sur un retard, soit sur des dommages non apparents extérieurement. (La réclamation doit être produite aussitôt après la découverte de l'avarie ; le demandeur est tenu de prouver que le dommage s'est produit en cours de transport ; il faut de plus que la vérification à la gare d'arrivée ait été impossible ou n'ait pas été offerte par la compagnie).

« Dans les autres cas, l'action est éteinte, sauf preuve de dol ou de faute grave du transporteur ou sauf réclamation pour défauts qui ont été ou qui auraient dû être dûment constatés sans le fait de l'administration, avant la réception de la marchandise.

« Sont exceptées toutefois les demandes en redressement d'erreurs de taxes, pour lesquelles un délai d'un an est accordé à partir du jour du payement. »

Ainsi le point particulier qui touche l'honorable M. Bozérian, — ces erreurs de taxe, ces demandes en payement de taxes supérieures ou en dégrèvement d'une partie des taxes appliquées — a été examiné, et on a fixé au délai d'un an, spécialement pour ces sortes d'actions, la durée de la prescription.

Je crois, messieurs, avoir démontré que la préoccupation de tous ceux qui se sont occupés de la question soumise aujourd'hui aux délibérations du Sénat, a été de fixer un délai restreint, le plus souvent inférieur à un an. Je crois avoir démontré que lorsque l'on a accordé le délai d'un an, c'est tout ce que l'on a cru pouvoir faire dans l'intérêt de tous, et je termine par cette considération.

Oui, dans l'intérêt de tous : car s'il est de l'intérêt des compagnies de transports, quelles qu'elles soient, de régler promptement les conséquences des opérations auxquelles elles se sont livrées pour le compte du public, il est aussi de l'intérêt du public d'être mis à l'abri des réclamations dont il peut être l'objet de la part des compagnies qui se sont chargées du transport. Vous vous êtes constamment préoccupés de ne pas renforcer, de ne pas accroître la puissance des grandes compagnies ; votre préoccupation est légitime, mais n'oubliez pas qu'à côté des compagnies il y a d'autres transporteurs qui ne sont pas les compagnies, et que vous légiférez autant pour les uns que pour les autres.

Je persiste à dire qu'à l'heure qu'il est, c'est un service à rendre à tous, aux grands comme aux petits, aux transporteurs comme aux destinataires, de restreindre à ce délai d'un an la période pendant laquelle on peut commencer un procès.

Je ne suis pas touché du tout par le long exposé des retards qu'entraîne la mise en mouvement de la justice, qui vous a été fait par un homme des plus compétents, l'honorable M. Bozérian. Si vous vouliez prévoir tous les incidents de procédure, tous les renvois qui peuvent se produire, toutes les causes d'ajournement qui peuvent se rencontrer dans une affaire, ce n'est pas cinq ans qui suffiraient. Je pourrais, en effet, vous citer des exemples d'actions qui ont duré dix ans, vingt ans, trente ans !

Voulez-vous, en vous basant sur des faits de cette nature, soutenir qu'il faut allonger la période de prescription jusqu'à vingt et trente ans pour toutes les actions? Vous ne l'oseriez pas. Eh bien, si vous ne l'osez pas à propos des retards dont vous parliez, les autres motifs que vous avez invoqués ne me paraissent pas de nature à suppléer à l'argumentation tirée de cette considération.

M. Tolain. — Messieurs, je ne partage pas l'opinion de M. le ministre des travaux publics, qui vous disait tout à l'heure que la thèse qu'il soutenait était aussi favorable aux destinataires qu'aux compagnies de transports. Je me permets de faire remarquer que le plus grand de tous les transporteurs ce sont les compagnies de chemins de fer, et que même quand il s'agit d'un transporteur qui exerce son métier dans des conditions beaucoup plus modestes, ce n'en est pas moins là une profession spéciale ; or celui qui l'exerce est outillé, organisé pour examiner, aussitôt que les faits se produisent, ceux qui pourraient lui porter préjudice.

Dès qu'un transport est effectué, la compagnie de transport a les agents nécessaires pour examiner si les tarifs ont été bien appliqués, si le prix a bien été perçu ; cela fait partie des rouages ordinaires et quotidiens de son administration. Par conséquent, les compagnies de chemins de fer, comme les transporteurs, sont toujours en état de réclamer ce qui aurait été perçu en moins, à leur préjudice, dans les premiers jours où le transport a été effectué.

Mais en est-il de même pour les industriels, pour les commerçants, les destinataires? Non, messieurs ; et il suffit d'entrer un peu dans la pratique des faits pour s'en apercevoir.

Quelques-uns de nos industriels font des transports dans une proportion assez considérable pour avoir un employé spécial, particulier, chargé d'examiner les lettres de voiture et d'en vérifier la tarification; mais il y en a très peu qui puissent se permettre ce luxe : car celui qui vérifie est un homme tout spécial, qui doit être fort au courant de ces questions de tarifs.

Les questions de détaxe sont, en effet, très difficiles à examiner : non seulement, il s'agit de savoir si le tarif spécial a été bien appliqué, s'il est permis, dans l'itinéraire suivi par la marchandise, d'appliquer le tarif général et un tarif spécial par voie do soudure; il est encore nécessaire d'examiner quel a été l'itinéraire suivi, si c'est le chemin le plus court, celui que la marchandise devait suivre en réalité ou pour lequel elle devait être taxée.

Dans la plupart des cas, le petit industriel, le petit commerçant n'ont ni les connaissances, ni le temps ni la faculté de faire immédiatement l'examen et les réclamations nécessaires. Ils sont obligés, très souvent, de réunir les lettres de voiture pendant un temps déterminé et de les donner alors à examiner à un homme spécial, qui leur signale les trop-perçus qu'ils ont été obligés de payer. Souvent ces lettres de voiture sont jointes à la comptabilité; ce n'est qu'après l'inventaire de l'année et quand elles sont en nombre suffisant, que cet examen peut être fait. Et alors, qu'arrive-t-il?

C'est qu'au lieu d'entamer un procès avec une compagnie de transports ou avec une compagnie de chemins de fer, qui est toujours une compagnie puissante, qui, je ne dis pas par mauvaise volonté, mais par tradition et par règle de conduite, a un personnel contentieux qui, par principe, épuise toutes les juridictions, on hésite d'une part, pour un litige qui est quelquefois de peu de valeur, à entamer une action et, d'autre part, à se mettre en état d'hostilité permanente à l'égard d'une compagnie avec laquelle on est en relations tous les jours.

Par conséquent, on commence par entamer une négociation amiable, on écrit des lettres : on dit que la marchandise, non dénommée dans le tarif général ou dans le tarif spécial, a été, par voie d'assimilation, mal classée; que de là revient une détaxe. Il faut quelquefois, pour savoir si la prétention de la compagnie est juste ou fausse, en arriver jusqu'à porter la question devant le ministre des travaux publics, qui a autorité pour décider des questions d'assimilation. Il faut donc entamer des négociations qui sont très longues, qui exigent un échange suivi de correspondances et qui, je le répète, font hésiter le commerçant, qui espère obtenir amiablement une détaxe, à entamer une pareille action.

Je vous assure que, presque toujours, le petit industriel, le petit négociant, dans la pratique des affaires, est dans l'impossibilité matérielle d'examiner très rapidement les questions de détaxe qui l'intéressent et que, si vous n'accordez qu'un an dans la plupart des cas, c'est forclore ces industriels, les empêcher de réclamer ce qui leur est régulièrement dû, car cela a été perçu en trop, tandis que les compagnies de transports, qui ont le personnel nécessaire pour examiner au jour le jour ces questions, sauront bien se faire restituer les sommes perçues en moins qui auraient échappé à tel ou tel de leurs employés.

Il y a donc un intérêt capital, non pas à protéger Jacques ou Pierre au détriment d'un autre, mais à établir l'égalité au point de vue des réclamations pour les uns comme pour les autres.

Un an est plus que suffisant, il est vrai, pour les compagnies de chemins de fer, afin de produire leurs réclamations contre les destinataires; mais ce délai est absolument insuffisant pour permettre à l'immense majorité des commerçants de réclamer les surtaxes qu'ils auront été obligés de payer par suite de fausse application des tarifs.

Plusieurs membres. — Qu'est-ce que vous proposez?

M. Tolain. — Au nom de l'équité et non pas contre les compagnies, je viens vous demander d'adopter le délai de cinq ans.

M. le rapporteur. — Je voudrais, messieurs, en quelques mots très courts faire comprendre au Sénat quelle a été la pensée déterminante de la commission lors de ce revirement d'opinion que M. le ministre des travaux publics vous signalait tout à l'heure.

Messieurs, nous avons été séduits tout d'abord par cette pensée de l'uniformisation des délais de prescription pour toutes actions dérivant du contrat de transport, et nous vous avons proposé, en première délibération, d'accorder un an seulement pour introduire toutes actions dérivant de ce contrat.

Cependant, M. le ministre des travaux publics me permettra bien de lui dire qu'il a fait très complètement l'historique de ce qui s'est passé devant la commission de la Chambre et devant la commission du Sénat; mais que je n'ai pas trouvé dans son discours un mot qui justifiât cette assimilation complète qu'il entend établir entre les actions pour avaries, perte totale ou partielle et retards, et les actions pour détaxe : car je suppose que toute la question est là. Lorsque des actions sont parfaitement assimilables au point de vue de leur nature, au point de vue de l'urgence qu'il peut y avoir les introduire, et des éléments qui doivent contribuer à leur jugement, je comprends qu'on les assimile au point de vue de la prescription.

Si, au contraire, il y a entre les genres d'actions une différence considérable quant à leur caractère, quant à l'urgence qu'elles présentent, quant à leur mode d'instruction, vous m'accorderez bien que, par contre, il doit y avoir une différence dans les délais imposés par le législateur pour leur introduction.

Quand il s'agit d'actions pour avaries ou pertes, je comprends parfaitement l'urgence, il y a une vérification qui s'impose, qui doit être faite immédiatement; il y a une action qu'il faut introduire dans un bref délai, parce que, autrement, les éléments du litige risquent de disparaître.

En est-il de même pour les actions en détaxe?

L'action en détaxe se base sur l'interprétation des tarifs des compagnies de chemins de fer; et, sans vouloir revenir sur ce qui a été si bien dit par l'honorable M. Bozérian et aussi par l'honorable M. Tolain, je ne puis pas m'empêcher de remarquer qu'il s'agit là d'une étude excessivement laborieuse, fort longue, et que pour arriver à reconnaître en quoi tel ou tel tarif est applicable à tel ou tel transport, à reconnaître même où est le tarif applicable, je dois dire au Sénat qu'il me semble qu'il y a là une question qui demande à ceux qui ne sont pas versés dans l'étude de ces matières une préparation longue et difficile.

Où est l'urgence? Je la comprends quand il s'agit de pertes, quand il s'agit d'avaries. Pourquoi? Parce qu'il y a des vérifications à faire. Mais quelles vérifications avez-vous à faire quand il s'agit de compulser des tarifs et de rechercher s'ils sont applicables à tel ou tel transport?

Je dis que dans ce cas-là la nature de l'action n'est pas la même; que l'urgence de son introduction n'est pas la même, et que, par conséquent, vous agissez arbitrairement en confondant ces deux genres d'actions dans une même durée de prescription.

Voilà ce que je pense; et je fais de nouveau remarquer à l'honorable ministre des travaux publics qu'il n'a pas dit un seul mot justifiant cette assimilation qu'il veut que le Sénat fasse entre ces deux genres d'actions.

J'ajoute, messieurs, que véritablement il y a une sorte d'abus à venir dire que la loi que nous proposons serait contraire aux intérêts de nos commerçants.

Comment! on nous dit que les compagnies de chemins de fer seront seules appelées à en profiter parce qu'elles pourraient introduire dans le délai que vous aurez fixé leurs actions en surtaxe!

Ces actions en surtaxe des compagnies de chemins de fer ne me semblent pas, d'abord, devoir être très fréquentes.

J'imagine, au contraire, que les erreurs, quand il y en a, doivent être le plus souvent commises au préjudice des destinataires.

Et quant à moi je n'hésite pas à penser que le public qui est appelé à bénéficier, dans l'introduction de l'action, de l'allongement du délai de la prescription est le véritable intéressé.

Quoi qu'il en soit, d'ailleurs, nous faisons la loi pour tous : nous entendons ménager les intérêts des voituriers comme ceux des destinataires, et nous vous demandons, en conséquence, de voter une disposition qui, en assurant l'exercice utile des actions en détaxe et en surtaxe, nous paraît donner une légitime satisfaction à tous les intérêts.

Nous prions le Sénat de vouloir bien adopter la proposition de la commission.

M. le président. — Personne ne demande plus la parole?...

Je ferai remarquer au Sénat qu'il se trouve en présence d'une nouvelle proposition de la commission, qui est un amendement à celle qui a été votée en première délibération.

La différence qui existe entre ces deux propositions est celle-ci: La commission dans la rédaction qu'elle présente actuellement, dit que les actions pour avaries, risques de route, sont prescrites par un délai d'un an, tandis que les autres actions relatives au contrat de transport ne sont prescrites que dans un délai de cinq ans.

L'ancienne rédaction portait au contraire que pour toutes les actions provenant soit d'avaries, soit de l'inexécution du contrat, le délai de la prescription serait d'un an.

Je crois donc qu'il faut, à titre d'amendement, mettre d'abord aux voix les deux premiers paragraphes de la nouvelle rédaction de la commission. Si ces deux paragraphes n'étaient pas adoptés, je consulterais alors le Sénat sur la proposition telle qu'elle a été votée en 1re délibération.

Il n'y a pas d'opposition.

Je donne une nouvelle lecture des deux paragraphes de la nouvelle proposition de la commission :

« Art. 108. — Les actions pour avaries, pertes ou retard, auxquelles peut donner lieu contre le voiturier le contrat de transport sont prescrites dans le délai d'un an, sans préjudice des cas de fraude ou d'infidélité.

« Toutes les autres actions auxquelles ce contrat peut donner lieu, tant contre le voiturier ou le commissionnaire que contre l'expéditeur ou le destinataire, sont prescrites dans le délai de cinq ans. »

(Le Sénat a adopté).

M. le président. — Je donne lecture des autres paragraphes de l'article 108 :

« Le délai de ces prescriptions est compté, dans le cas de perte totale, du jour où la remise de la marchandise aurait dû être effectuée et, dans tous les autres cas, du jour où la marchandise aura été remise ou offerte au destinataire.

« Il n'est pas dérogé aux dispositions de l'article 541 du code de procédure civile.

« Le délai pour intenter chaque action récursoire est d'un mois. Cette prescription ne court que du jour de l'exercice de l'action contre le garanti.

« Dans le cas de transport faits pour le compte de l'Etat, la prescription ne commence à courir que du jour de la notification de la décision ministérielle emportant liquidation ou ordonnancement définitif.

« Toutes stipulations contraires aux dispositions de l'article 105 et du présent article sont nulles et sans effet. »

Personne ne demande la parole sur ces diverses paragraphes ?…

M. Munier. — Je la demande, monsieur le président.

M. le président. — La parole est à M. Munier.

M. Munier. — Messieurs, je demande au Sénat la permission de lui faire une simple observation à propos du paragraphe relatif à l'article 541 du code de procédure civile, dont je voudrais voir décider la suppression.

Vous savez tous, messieurs, comment est conçu ce paragraphe :

« Il n'est pas dérogé à la disposition de l'article 541 du code de procédure civile. »

C'est sur l'initiative et grâce à un amendement de notre collègue M. Bozérian qu'il a été introduit dans le projet voté en première lecture.

Quant la commission a voulu arrêter le texte à vous présenter en seconde lecture, elle a délibéré de nouveau sur ce paragraphe, et elle s'est littéralement coupée en deux. La moitié a voté sa suppression ; l'autre moitié, son maintien. Je suis de la première moitié. Il nous a semblé — et j'espère que le Sénat sera de cet avis — que l'article 541, qui figure au titre des Redditions de comptes dans le code de procédure civile, n'avait réellement pas sa place dans cette partie du débat relatif au projet de loi que nous discutons.

Remarquez, en effet, messieurs, que nous avons étendu à cinq ans — le Sénat vient de voter l'extension — la prescription de toutes les actions autres que celles qui sont relatives aux avaries survenues aux marchandises objets du contrat de transport, à leur perte totale ou partielle.

Nous estimons qu'en portant à cinq ans le délai de la prescription pour ce genre d'action, il n'y a pas lieu de maintenir le paragraphe relatif à l'article 541 du code de procédure civile.

M. Delsol. — Que dit cet article ?

Un sénateur au centre. — Il concerne la révision des comptes.

M. Munier. — C'est exact. L'article 541 figure aux Redditions de comptes. Il dit qu'il ne sera procédé à la révision d'aucun compte, sauf aux parties, s'il y a erreur ou omission, faux ou doubles emplois, à en former la demande devant les mêmes juges.

Or, de quoi s'agit-t-il, dans notre projet ? D'un contrat de transport.

Un transport n'a jamais été un compte ; c'est un contrat spécial. Encore une fois, l'article 541 ne devait et ne doit pas trouver place ici.

M. le rapporteur. — Je demande la parole.

M. le président. — La parole est à M. le rapporteur.

M. le rapporteur. — Messieurs, votre commission a été amenée à introduire dans sa rédaction la mention critiquée par l'honorable M. Munier, parce qu'elle a trouvé, dans l'exposé des motifs du Gouvernement, cette pensée que la substitution de la prescription d'un an à la prescription en vigueur sous l'ancienne législation avait pour effet de faire disparaître, dans l'application du contrat de transport, la règle générale de l'article 541 du code de procédure civile.

Si vous voulez vous reporter à l'exposé des motifs, vous verrez qu'en vertu de l'abréviation de la prescription, le Gouvernement pensait que toute erreur matérielle, toute erreur de calcul, toute omission, tout faux ou double emploi, en un mot tout cas prévu par l'article 541 cessait d'être protégé par cette disposition.

Votre commission n'a pas pu partager cette pensée. Il lui a semblé que l'article 541 du code de procédure civile, qui consacre un principe de droit général applicable dans tous les cas de prescription à court terme, ne peut être écarté parce qu'il s'agit d'une difficulté à l'origine de laquelle se trouve le contrat de transport.

Et la raison très formelle que nous en donnons, c'est qu'en réalité l'application de l'article 541 ne met pas en mouvement une action découlant du contrat de transport, mais une action en révision de comptes.

Quand je demande l'application de l'article 541 du code de procédure civile à mon profit, je ne demande pas le moins du monde à revenir sur la composition du compte qui m'a été rendu ; je me présente le compte à la main, et je démontre par la seule production de ce document qu'il contient à mon préjudice une erreur matérielle.

Or, cette erreur matérielle qui résulte de vos propres écritures, et que vous ne pouvez pas contester, la loi veut qu'elle soit rectifiable à toutes époques. La loi ne veut pas qu'on puisse, pour conserver le bénéfice d'une erreur indiscutable, se retrancher derrière une prescription à court terme. Et j'affirme que cela est conforme à l'équité la plus élémentaire, et que la conscience veut qu'il en soit ainsi.

L'article 541 du code de procédure civile est donc une règle de droit général qui s'applique à tous les cas, sans que jamais il y ait été dérogé ; aussi n'eussions nous pas eu la pensée d'en faire mention dans notre rédaction, si nous n'avions trouvé, je le répète, dans l'exposé des motifs du Gouvernement, la pensée absolument contraire.

Et alors comme, tout en vous proposant le texte gouvernemental, nous nous inspirions d'une pensée toute opposée, nous avons cru qu'il était de notre devoir de soumettre la question entière au Sénat, afin qu'il fût appelé à la trancher lui-même.

Si on nous disait : Il y a unanimité sur ce point : l'article 541 du code de procédure civile doit continuer à recevoir son application, je ne tiendrais pas beaucoup, quant à moi, à la disposition de la mention qui a fait l'objet des critiques de M. Munier ; mais il y a autre chose : il y a un dissentiment sur le fond même du droit.

On prétend que l'article 541 doit disparaître ; que, dans le cas dont nous nous occupons, les erreurs matérielles ne seraient plus rectifiables dans les conditions ordinaires posées par l'article 541.

Or, la commission répète que dans son sentiment l'article 541 consacre une règle de justice qu'elle ne peut consentir à faire disparaître.

C'est pour cela que nous avons maintenu dans notre nouvelle rédaction la disposition que vous avez votée en première délibération.

Si vous partagez notre sentiment, vous préviendrez toute équivoque en lui donnant une seconde fois votre adhésion.

M. Paris. — Je demande la parole.

M. le président. — La parole est à M. Paris.

M. Paris. — Messieurs, je serais tenté de présenter des excuses au Sénat, paraissant pour la troisième fois à la tribune dans cette discussion, si je ne lui montrais ainsi que j'ai étudié, avec le soin qu'il mérite, le projet de loi que la commission soumet à vos délibérations.

D'accord avec l'honorable M. Munier, je trouve inutile de faire, à propos des articles 105 et 108 du code de commerce, aucun renvoi à l'article 541 du code de procédure civile. La commission s'est laissé entraîner — M. le rapporteur vous l'a expliqué — par le désir de combattre une opinion, à son avis erronée, que le Gouvernement avait émise dans son exposé des motifs et qui tendait à étendre la prescription à édicter en matière de transport même aux actions en rectification des comptes qui auraient eu des transports pour objet, actions régies actuellement par l'article 541 et soumises à la prescription trentenaire.

Au lieu de répondre à l'exposé des motifs par le rapport, et d'empêcher ainsi qu'on prêtât force de loi à une opinion professée d'une part et réfutée de l'autre dans les travaux préparatoires, la commission a cru devoir déclarer dans la loi elle-même qu'il n'était pas apporté de dérogation à l'article 541 du code de procédure.

Vous allez voir, messieurs, que l'article 541 n'a rien de commun avec les questions de transport discutées en ce moment. Cet article appartient à un ordre d'idées absolument différent. Il est donc au moins inutile de dire que, dans un projet de loi spécial aux transports, on n'entend pas déroger aux règles de droit renfermées dans l'article 541 du code de procédure.

Quelles sont ces règles ?

L'article 541 fait partie du titre V : « De l'exécution du jugement », IV : « Des redditions de comptes. »

« Il ne peut être procédé, dit notre article, à la révision d'aucun compte, une fois le compte approuvé par les deux parties ; ni le rendant ni l'ayant, pour employer les termes juridiques, ne peuvent demander un nouveau compte. »

Toutefois, « s'il y a erreurs, omissions, faux emplois ou doubles emplois, l'article 541 autorise les parties à former une demande en rectification portant sur ces points précis, et l'action en rectification est soumise à la prescription générale. »

Qu'est-ce à dire ? Vous pourrez pendant trente ans, produisant le compte à redresser, démontrer, par exemple, que dans une addition l'on a compté 5 et 4 font 12 — voilà l'erreur matérielle — ou bien qu'on a laissé une créance en dehors des débats du compte — voilà l'omission — ou bien encore qu'on a porté au débit un article qui devait figurer au crédit — voilà le faux emploi — ou enfin, messieurs, que l'on a fait figurer deux fois le même article soit à l'avoir, soit au doit — voilà le double emploi.

Ceci posé, pourquoi, je vous le demande, en disant que l'action en dérate à l'occasion de transports sera prescrite par cinq ans, déclarer qu'il n'est pas dérogé à l'article 541 en matière de comptes ?

D'un côté, l'action naît d'un transport ; de l'autre, elle naît d'un compte. Les principes à appliquer sont aussi différents que les matières sont distinctes.

Supposons cependant que dans un compte arrêté entre deux parties figurent des articles de transport. N'est-il pas évident que si on a commis des erreurs matérielles de compte et non de fausses applications de tarifs, les erreurs que vise l'article 541 du code de procédure, l'action en rectification de ces erreurs, pourra être intentée comme si le compte erroné portait sur des articles étrangers aux transports ?

Il ne s'agira point de détaxes à obtenir, mais d'erreurs, omissions, faux ou doubles emplois à redresser.

Une question semblable s'est présentée à propos de comptes de tutelle.

L'article 475 du code civil décide, vous le savez, que toute action du mineur contre son tuteur relativement aux faits de la tutelle se prescrit par dix ans à compter de la majorité.

Un compte de tutelle avait été rendu ; les dix ans à compter de la majorité étaient écoulés, lorsque l'ancien pupille s'aperçut que dans son compte de tutelle des erreurs matérielles s'étaient glissées.

Il introduisit une action en rectification.

Le tuteur lui a objecté que l'action était éteinte ; que la prescription décennale de l'article 475 était applicable. Avec raison, le demandeur répondit : Mon action ne naît pas des faits de la tutelle ; elle naît d'un compte sujet à rectification. Je suis donc recevable à demander le redressement des erreurs matérielles que je signale, encore bien que le compte soit relatif aux recettes et aux dépenses faites par un tuteur.

La Cour de cassation a consacré cette doctrine.

De même il importera peu que le compte dont la rectification est demandée renferme des articles de transport ; ce n'est pas l'application des tarifs qu'on mettra en question, comme s'il s'agissait d'une action en détaxe, ce sont les erreurs matérielles que l'on relèvera : la prescription de cinq ans ne sera pas applicable.

Je m'incline avec respect devant la décision qui vient d'être prise par le Sénat au sujet de l'addition que je demandais à l'article 108 ; mais je crois qu'elle était bien plus utile que le renvoi à l'article 541 du code de procédure proposé par la commission.

Je demande donc la suppression d'un paragraphe dont l'inutilité est le moindre défaut.

M. le rapporteur. — Je demande la parole.

M. le président. — La parole est à M. le rapporteur.

M. le rapporteur. — Il est essentiel, pour que le Sénat statue en connaissance de cause, qu'il soit bien établi qu'alors que l'honorable M. Munier et l'honorable M. Paris se rencontrent dans la même demande de suppression du paragraphe sur lequel nous délibérons, ils sont animés l'un et l'autre de pensées absolument différentes.

Ainsi, l'honorable M. Paris est absolument de l'avis de la commission : l'article 541 ne peut pas être supprimé ; l'article 541 reste debout, et la législation spéciale que nous édictons ne peut pas avoir pour effet, — d'après l'honorable M. Paris — de porter aucune atteinte aux dispositions générales de cet article.

Je suis, sur ce point, absolument de l'avis de M. Paris. Maintenant, M. Paris ajoute que sa thèse et d'une vérité manifeste. Mais qu'il me permette de lui dire que ce n'était pas manifeste du tout pour le Gouvernement, lorsqu'il a déposé son projet de loi sur le bureau de la Chambre des députés ; car je lis dans l'exposé des motifs :

« Ce système, en même temps qu'il aura pour effet de relever de la déchéance dont elles étaient frappées les actions en détaxe auxquelles la jurisprudence appliquait l'article 105, aboutirait à abréger et la durée des actions fondées sur des erreurs de calcul ou sur les erreurs qui leur étaient assimilées, et aussi la durée des actions en supplément de taxes. Mais il est naturel que les règlements de transports deviennent promptement définitifs ; la prescription peut donc être abrégée sans inconvénients, pourvu qu'elle soit la même pour tous. »

Donc le Gouvernement comprenait bien, et entendait bien vous faire décider, par son exposé des motifs, qu'en votant la loi, telle qu'il vous la propose et telle que vous allez la voter — avec quelques modifications qui ne portent aucune atteinte à mon argumentation — vous alliez supprimer l'application de l'article 541 et qu'à l'avenir, au moyen de la prescription spéciale, les actions en rectification d'erreurs matérielles, qui, — comme M. Paris vous le dit, avec raison, ne tiennent pas au contrat de transport, mais se rattachent à une nature d'idées plus générale, — que ces actions, dis-je, allaient disparaître et ne pourraient plus s'exercer.

Voilà la pensée du Gouvernement en opposition avec celle de M. Paris et en opposition avec celle de la commission.

Mais arrive alors M. Munier, qui se rencontre sur le même terrain que M. Paris et qui vous demande de faire disparaître les dispositions de l'article 541.

Oui, suivant M. Munier, quand un compte qui aura eu le contrat de transport pour point de départ contiendra une erreur matérielle ; que, par exemple, une substitution de chiffres aura eu pour résultat de mettre dans la poche du transporteur 1,000 francs qui appartenaient au destinataire, celui-ci, sera déchu, après un an ou après cinq ans, suivant les cas, du droit de faire entendre sa réclamation.

Vous voyez donc bien l'équivoque : d'un côté la commission appuyée par M. Paris, de l'autre le Gouvernement appuyé par M. Munier, et tout le monde s'accordant cependant pour voter le même texte. Eh bien ! il y a là une situation qu'il ne faut pas laisser subsister. Il faut que le Sénat dise ce qu'il pense. La commission croit avoir résolu la question en disant que les dispositions de la loi nouvelle ne dérogent en rien aux dispositions de l'article 541 du code de procédure civile. C'est à vous maintenant qu'il appartient de décider.

M. le président. — La parole est à M. le Ministre des travaux publics.

M. le Ministre. — Je n'ai qu'un seul mot à dire. Lors de la première délibération j'ai réservé le droit de combattre la disposition qui est en ce moment en discussion. Comme l'honorable rapporteur, je suis d'avis qu'il ne doit pas y avoir la moindre équivoque et je n'admets pas, pour ma part, la thèse de l'honorable M. Paris. Je suis en cela d'accord avec l'exposé des motifs du projet de loi, qui a été la cause de l'introduction par la commission du paragraphe dont il est question et d'accord avec l'honorable M. Munier.

M. Munier. — Parfaitement !

M. le Ministre. — Je suis d'avis que la prescription de trente ans pour toute action de la nature de celles qui sont visées est une prescription beaucoup trop longue, et je m'approprie les termes mêmes de l'exposé des motifs du Gouvernement, qui a déposé ce projet contresigné par MM. Brisson, Demôle et Dautresme.

Oui, le Gouvernement, en le déposant, a pensé qu'il fallait restreindre la prescription pour ces actions, et son opinion est encore bien plus justifiée à l'heure qu'il est, puisque vous venez de fixer à cinq ans le délai de la prescription. Cinq ans me paraissent suffisants, et il est inutile de réserver un délai de trente années.

M. le Guen. — Je demande la parole.

M. le président. — La parole est à M. Le Guen.

M. le Guen. — Messieurs, j'ai quelque regret à insister sur une question qui a déjà fait l'objet d'un débat très approfondi. Cependant, il me semble impossible de ne pas ajouter quelques mots pour montrer que si on admettait le système qui vient d'être soutenu par M. le ministre des travaux publics, on serait conduit à une véritable iniquité. Déjà les paroles qu'il a prononcées justifient la commission des reproches qui lui ont été adressées par l'honorable M. Paris, reproches qui seraient parfaitement fondés et auxquels je me serais associé en théorie, si on n'avait pas été placé en face de cette situation toute particulière que créait l'exposé des motifs du Gouvernement.

Ainsi que l'a rappelé notre honorable rapporteur M. Demôle, il est bien impossible que nous restions dans l'équivoque qui pourrait résulter de ce fait qu'un même texte est présenté par le Gouvernement et par la commision, lui donnant un sens absolument différent, et dont cependant tous deux demandent l'adoption. Il faut donc que le Sénat soit mis en situation d'émettre un vote très net et très précis sur cette question ; il faut que l'on décide si l'article 541 du code de procédure civile subsistera même, en matière de règlement de compte ayant pour origine un transport, ou si, au contraire, par exception, cette article disparaîtra. Eh bien, je crois que l'exception qu'on voudrait introduire dans les règlements de compte qui ont pour origine un opération de transport est absolument injustifiable.

Rappelez-vous ce qui vous a été dit tout à l'heure, et excusez-moi de le reproduire en peu de mots. Rappelez-vous qu'elle est la situation en face de laquelle on se trouve placé.

Un compte doit être dressé : entre deux personnes existent des rapports de créancier à débiteur ; il est nécessaire d'arriver à épurer cette situation par l'examen d'un certain nombre d'articles, par des chiffres qu'on pose, par des opérations mathématiques. Le résultat de ces opérations est d'arriver à établir un solde qui est dû par une de ces personnes ; le solde est payé et, une fois l'opération terminée, on arrive à reconnaître qu'une erreur matérielle évidente s'est glissée dans le compte ; on arrive à reconnaître que si le compte reste tel qu'il a été fait, que si le payement qu'il a été effectué est maintenu, il en résultera une lésion certaine, que le créancier aura reçu plus qu'il ne lui était dû ou n'aura pas reçu ce qu'il lui revenait.

Dans une telle situation, quand une erreur matérielle de ce genre est reconnue, lorsque des réclamations ont été faites en vain, il faut bien cependant, au nom de l'équité la plus élémentaire, que la loi intervienne et donne aux parties lésées un recours utile devant la justice contre celui qui veut garder ce qui ne lui appartient pas. Ce recours est précisément celui qui est organisé par l'article 541 du code de procédure civile. Cet article s'applique à tous les comptes ; il a une portée générale, absolue, comme la règle d'équité qu'il a pour but de faire respecter.

Quelle que soit l'origine d'un compte, quel que soit le contrat, quel que soit le fait qui en est l'origine, quelle que soit aussi la forme de ce compte, judiciaire ou amiable, alors même qu'il serait établi dans un jugement ayant l'autorité de la chose jugée, si l'on peut démontrer que le compte est entaché d'une de ces causes d'erreur matérielle qui sont relevées dans l'article 541 : erreur, omission, faute ou double emploi, au nom de la justice le redressement en est ordonné.

C'est un principe, je le disais, général, absolu, applicable en matière de tout compte, quelle que soit son origine, quelle que soit sa forme. Eh bien, lorsque j'ai, ainsi rappelé quel est le but, quelle est la portée, quelles sont les prescriptions de l'article 541, sauriez-vous admettre un moment que, par une exception absolument injustifiable, on accordât aux comptes qui ont pour origine un contrat de transport le privilége de pouvoir contenir des erreurs irréparables ? Évidemment cela blesserait l'équité de la manière la plus grave.

Il est impossible que le Sénat consacre une disposition qui déclarerait que, quelles que soient les erreurs qui se sont glissées dans un compte de transport il n'y aura pas lieu à cette restitution résultant de l'action ouverte par l'article 541 du code de procédure civile. C'est, je le répète, absolument inadmissible.

Je connais l'objection qui vient à la pensée de plusieurs de nos honorables collégues et qui a été tout à l'heure formulée à cette tribune : Si l'on accorde, dit-on, pour régler les comptes en matière de transport — pour toutes les actions qui naissent de ce contrat — un délai de cinq ans, ce délai est suffisant pour reconnaitre les erreurs, pour demander et obtenir les rectifications nécessaires.

Par conséquent, il n'y a pas lieu de maintenir les dispositions de l'art. 541 du code de procédure civile.

Je crois, messsieurs, qu'appliquer ainsi le délai de cinq ans, fixé dans le projet, serait souvent rendre inutile le droit de demander le redressement des erreurs du compte.

D'abord, et on l'a dit avec raison, il y a ici en présence deux ordres d'idées complétement distincts. Il s'agit d'actions qui ont une source et une origine différentes. Il y en a une qui nait du contrat, qui a pour but l'application des régles de ce contrat.

Puis, lorsqu'il est exécuté, que toutes les difficultés que faisait naitre cette exécution ont été tranchées à l'amiable ou en justice ; lorsque le compte a été réglé, il peut arriver qu'on découvre dans ce compte même une de ces erreurs matérielles qui donnent lieu à une action absolument distincte et dont l'origine est tout à fait différente, je veux parler de l'action qui est ouverte par l'article 541. On a dit, avec raison, qu'il n'y a rien de commun entre le débat découlant ou de l'exécution d'un contrat ou de certains faits, de certains rapports juridiques et le débat en redressement d'erreurs dans un compte auquel ces contrats ou ces faits ont donné lieu.

Je trouve, notamment en matière de comptes de tutelle, cette distinction parfaitement posée dans des auteurs de grande notoriété, MM. Carré et Chauveau. Je demande au Sénat la permission de lui lire quelques lignes de ces auteurs, qui font parfaitement sentir la différence entre ces sortes d'actions, leur régime divers et le caractère et la nature différents qu'elles présentent.

L'article 475 du code civil régle la prescription de l'action du pupille contre son tuteur ; il emploie aussi des expressions très générales. Il dit, à peu près dans les mêmes termes que l'article 108, qui est soumis à vos délibérations: Toute action résultant de la tutelle est prescrite dans un délai de dix ans, de même que nous disons: Toutes autres actions auxquelles le contrat de transport peut donner lieu sont prescrites par cinq ans.

Voici du resté le texte même de l'article :

« Toute action du mineur contre son tuteur relativement aux faits de la tutelle se prescrit par dix ans à compter de la majorité. »

Or, on s'est demandé — et notre honorable collègue M. Paris le rappelait tout à l'heure, — si ce délai de dix années n'empêchait pas tout recours de mineur contre son tuteur, même pour les erreurs qui auraient pu se glisser dans le compte rendu avant l'expiration du délai de la prescription, si l'action du redressement du compte n'était pas prescrite en même temps que l'action en reddition du compte lui-même.

Répondant négativement à cette question, MM. Carré et Chauveau précisent la différence entre les deux actions, dans les termes suivants :

« ... L'origine de l'action accordée par l'article 475, c'est la tutelle, et celle d'une action en redressement, c'est le compte ; la preuve, c'est que la prescription de la première court du jour de la majorité du pupille. Or, il est évident que l'action en redressement court non pas de ce temps, mais de celui où le compte a été rendu. Ainsi, point d'assimilation entre elles. »

Il y a donc là deux actions absolument distinctes, et pourquoi détruirait-on l'action ouverte par l'article 541 ?

Parce que l'on accorde un délai de cinq ans, après lequel seulement on déclare prescrites toutes les actions qui dérivent du contrat de transport ?

On a le temps, disait-on, dans ce délai de cinq ans, de reconnaitre si des erreurs se sont glissées dans le compte ; ce qui impliquerait déjà un droit à redressement.

Mais remarquons que le réglement ne se fera pas toujours au commencement de ce délai.

Il se peut qu'un débat surgisse, qu'un procès s'engage, — et tout à l'heure on vous dépeignait à quelles longueurs sont parfois exposés les plaideurs, — qu'un procès s'engage sur les conditions du transport entre le destinataire et le transporteur; que ce procès dure deux ans, trois ans, quatre ans ; le réglement de compte n'interviendra qu'à une époque bien rapprochée de l'expiration du délai de cinq ans après lequel l'action principale dérivant du transport est éteinte, et serait éteinte également l'action en redressement.

M. Dietsch. — Peut-être même après les cinq années.

M. Le Guen. — Peut-être même, comme le fait remarquer notre honorable collègue M. Delsol, après les cinq années, à raison des délais de la procédure des diverses juridictions devant lesquelles le débat peut être successivement porté, s'il y a eu un arrêt de cassation et renvoi devant une autre cour, les bases de règlement ne pourront être définitivement arrêtées, peut-être avant l'expiration des délais après lesquels l'action principale résultant du transport est éteinte.

Dans ce cas on arriverait donc à étouffer absolument, à rendre absolument impossible l'action en redressement des erreurs qui auraient pu se glisser dans le compte.

Quelle que fût la certitude des erreurs contenues dans tels articles précisés du compte, on devrait subir sans recours les iniquités les plus graves ! et remarquez, messieurs, combien inégale serait la situation faite aux divers destinataires de la marchandise, ou plutôt, je me trompe, aux diverses parties qui se trouvent intéressées aux rectifications d'erreurs de comptes, puisque ces rectifications peuvent être demandées par les deux parties ; combien cette inégalité serait injuste.

Dans ce système, non seulement un temps variable est accordé entre le moment du règlement et l'expiration du délai pendant lequel un redressement peut être demandé ; mais on est exposé à encourir la prescription avant même que l'action en redressement ait pu prendre naissance.

Le projet de loi accorde un délai de cinq ans pour intenter les actions naissant du contrat de transport.

Mais quel est le point de départ de cette prescription ?

Le délai de ces prescriptions, dit l'article 108, est compté, dans le cas de perte totale, du jour où la remise de la marchandise aurait dû être effectuée, et dans tous les autres cas, du jour où la marchandise aura été remise ou offerte au destinataire, et ce délai est de cinq ans pour toutes actions autres que celles qui ont pour cause des avaries, pertes ou retards.

Cinq ans est le délai après lequel nulle action, même en rectification d'erreurs, ne serait recevable. Mais pour ces rectifications, on ne place pas le point de départ dans le règlement de compte.

Un retard a lieu dans le règlement après livraison ; le délai diminue ; un procès s'élève ; il dure encore quand cinq années se sont écoulées depuis le jour où la marchandise aurait dû être remise, en cas de perte ; depuis le jour où elle a été offerte, en cas de retard ou d'avaries ; eh bien, la rectification des erreurs qui se glisseront dans le compte fait ultérieurement sera impossible, parce que l'action sera déclarée éteinte avant même le jour auquel elle aurait pu prendre naissance.

Il est donc certain, messieurs, que non seulement on proposerait une chose injuste en proposant de prohiber, dans les règlements de comptes qui naissent du contrat de transport, l'action en rectifications d'erreurs autorisée par l'article 541 du code de procédure civile ; mais encore on arriverait à des inégalités, parfois à des impossibilités choquantes.

Quel est le seul point de départ rationel, admissible du délai accordé pour intenter des actions en rectification d'erreurs de compte ? Mais c'est l'arrêté du compte lui-même, et il ne peut pas y en avoir d'autre.

Je comprendrais que l'on vînt dire : Le délai de trente années est bien long ; je comprendrais que l'on appelât une réforme, une abréviation de ce délai. Mais il ne nous est pas possible de rejeter, comme on nous y engage, le paragraphe proposé par la commission, le rappel de l'article 541, pour s'en tenir au texte de l'article 108, mais en donnant à notre vote cette signification que l'article 108 prohiberait toute action en rectification d'erreur, sinon absolument, tout au moins après l'expiration d'un délai sans limité réelle, sans point de départ juste et rationel.

M. le Président. — Le Sénat a voté les deux premiers paragraphes de l'article 108. Avant de mettre aux voix le reste de l'article, je donne la parole à M. Clément.

M. Léon Clément. — Messieurs, le nouvel article 108 du code de commerce que vous propose la commission contient un paragraphe ainsi conçu :

« Il n'est pas dérogé aux dispositions de l'article 541 du code de procédure civile. »

M. Munier, au nom de la minorité de la commission, ainsi que M. Paris et M. le ministre des travaux publics, ont demandé la suppression de ce paragraphe.

Je suis également d'avis, quant à moi, qu'il doit être supprimé. Je considère qu'il ne figure dans la rédaction de la commission que par suite d'une confusion qui, je crois, sera facile à dissiper.

En effet, messieurs, il y a dans cette question deux côtés à examiner : le côté pratique, le côté juridique.

La réserve de l'article 541 est-elle utile dans la nouvelle rédaction de la commission ? N'est-elle pas dangereuse ? C'est là le premier point à examiner. Si elle est inutile, si elle présente des dangers, nous n'avons pas besoin d'examiner le côté juridique de la question : il ne faut pas adopter le paragraphe.

Eh bien, je crois que pratiquement ce paragraphe est inutile, je crois même qu'il est dangereux, et je dirai plus : je crois qu'il renverse l'économie de la loi. Qu'est-ce, en effet, que l'article 541 qu'on vous propose d'inscrire dans la loi ? C'est un article emprunté au code de procédure civile dont je vous indiquerai ultérieurement la portée particulière, mais dont je vous donne dès à présent lecture ; il est ainsi conçu :

« Il ne sera procédé à la révision d'aucun compte, sauf aux parties, s'il y a erreurs, omissions, faux ou doubles emplois, à en former leurs demandes devant les mêmes juges. »

Voilà, messieurs, l'article qu'on vous propose d'insérer, en quelque sorte, dans le nouvel article 108 du code de commerce.

J'examine d'abord si cette réserve de l'article 541 du code de procédure civile a un côté pratique et un côté utile. Qu'est-ce que vous avez voulu faire ? Vous avez voulu, dans la loi nouvelle, abréger les délais pour les actions en matière de transports. C'était demandé par tout le monde, c'est aussi ce que vous avez voulu faire. Vous avez fixé la prescription nouvelle à un an pour les actions pour pertes et avaries, puis vous avez porté la prescription pour les autres actions, notamment pour détaxe, à cinq années. Voilà ce que vous avez voulu faire ; vous avez voulu abréger les délais. Or, si vous permettez la révision de chaque opération de transport dans les termes de l'article 541 du code de procédure civile, qu'est ce que vous aurez fait ?

Vous aurez donné trente et quelques années de durée à la prescription.

En effet, messieurs, prenons d'abord les cas qui sont prévus dans le premier paragraphe : les actions pour avaries, pertes ou retards. Elles durent une année. Mais si, lorsque ces actions ont donné lieu à règlement, au bout d'une année vous permettez à l'une des parties de dire : « Il y a eu omission, il y a eu erreur, il y a eu double emploi », alors ce n'est pas une année que va durer l'action, c'est trente et un ans ; c'est peut-être davantage, car le débat aura pu se prolonger, comme on le faisait observer à la dernière séance, un certain nombre d'années. Est-ce là, messieurs, ce que vous avez voulu ? Évidemment non, vous n'avez pas voulu une chose pareille.

Si je prends le deuxième paragraphe, l'inconvénient est encore bien plus considérable. Dans le deuxième paragraphe, vous avez eu surtout en vue — vous l'avez déclaré du moins — les actions en détaxe et en surtaxe, le droit pour les compagnies de réclamer pendant cinq ans la surtaxe lorsque le prix du transport n'aura pas été perçu en totalité, et le droit pour le destinataire de demander la détaxe lorsqu'il prétendra avoir trop payé.

Mais ces actions en détaxe et surtaxe sont de celles qui rentreraient, si l'article 541 devait être appliqué, absolument dans les prévisions de cet article.

M. Bozérian. — C'est une erreur complète !

M. Clément. — Je vais le démontrer, le démontrer absolument. L'article 541 du code de procédure civile permet la révision de toutes les perceptions illicites.

À gauche. Non ! non !

M. Léon Clément. — Je vous demande pardon !...

M. le président. — Messieurs, veuillez vous abstenir d'interrompre ; vous pourrez répondre à l'orateur.

M. Léon Clément. — Si vous consultez la jurisprudence, vous verrez que lorsqu'une perception usuraire, par exemple, figure dans un compte, elle donne lieu à la révision prévue par l'article 541 du code de procédure civile.

Eh bien, comme les tarifs de chemins fer sont d'ordre public, comme il n'est pas permis aux compagnies de faire des faveurs à certains expéditeurs et, par suite, d'abaisser les prix au-dessous des tarifs homologués ; comme, d'autre part, il ne leur est pas permis davantage de les surtaxer, de demander plus que les tarifs ne le permettent, on pourra toujours invoquer l'article 541 du code de procédure civile qui viendra augmenter le délai ; et, par conséquent, au lieu de cinq ans, vous aurez un minimum de trente-cinq ans pour la durée de la prescription.

Au banc de la commission. C'est là qu'est l'erreur !

M. Léon Clément. — Je vous demande pardon ! c'est absolument la vérité.

Je vous demande encore, messieurs, si c'est là ce que vous avez voulu faire.

Mais admettons que ce que je disais tout à l'heure ne soit pas exact, puisque tel est votre sentiment.

Croyez-vous, soit qu'il s'agisse d'une surtaxe, soit qu'il s'agisse d'une détaxe, qu'en cinq années le destinataire ou le commissionnaire de transports n'aura pas le temps suffisant pour former utilement sa réclamation ? Mais c'est précisément ce qu'il y a de plus facile à vérifier dans la lettre de voiture.

Lorsqu'une lettre de voiture porte une somme supérieure à ce qui est dû ou lorsqu'elle ne porte pas la somme qui est due, rien n'est plus simple, c'est un examen qui se fait en quelques instants.

Donc, messieurs, j'avais le droit de dire que le délai de cinq années est parfaitement suffisant pour les actions que vous avez eues particulièrement en vue, c'est-à-dire pour les actions en détaxe ou en surtaxe, et que le délai de trente et quelques années que vous donneriez, en rendant applicable l'article 541 du code de procédure civile, cela serait absolument excessif.

Voilà les deux points que je voulais établir et sur lesquels il me semble qu'il n'y a pas de contestation possible.

Maintenant, messieurs, j'arrive au côté juridique de la question, et c'est ici, je crois, que je puis facilement vous faire toucher du doigt la confusion dans laquelle on est tombé.

On vous disait : Mais il y a un sentiment d'équité auquel nous ne pouvons pas rester indifférents ; lorsqu'il y a eu une erreur, il faut qu'elle soit redressée.

Messieurs, entendons-nous bien : c'est vrai dans une certaine mesure, lorsqu'il y a une erreur de calcul par exemple, quelle que soit l'opération dans laquelle elle se trouve, et, aux termes de l'article 2058 du code civil, cette erreur de calcul peut toujours être redressée. De même, lorsque j'ai payé ce que je ne devais pas, j'ai la répétition de l'indû ; c'est encore dans le code civil.

Mais les dispositions que je rappelle ici ont une portée et une application absolument différentes de celles de l'article 541 du code de procédure civile.

C'est ici, messieurs, que j'arrive à la distinction que je me proposais de faire et que je vais établir très aisément, je crois.

Il y a, à mon sens, une confusion dans l'esprit de commission. Cet article 541 du code de procédure civile est l'avant-dernier du titre consacré aux redditions de compte.

Eh bien, qu'est-ce que la reddition de compte ? C'est une opération d'ensemble : il y a, d'un côté, les recettes, de l'autre côté les dépenses ; la reddition de compte suppose, par conséquent, des relations d'une certaine durée, quelquefois de nature différente ; c'est un compte rendu par un administrateur, par un tuteur, par un gérant ; mais, jamais, messieurs, lorsque vous réglez l'exécution d'un contrat que vous avez passé avec un tiers, il n'y a lieu d'appliquer l'article 541.

M. Bozérian. — C'est monstrueux !

M. Léon Clément. — Enfin, messieurs, vous me répondrez ; je continue. La cour de cassation a jugé, dans cet ordre d'idées, par un arrêt du 21 décembre 1874, que « l'article 541 suppose nécessairement la production du détail même des comptes qui sont critiqués ». Il faut, qu'il y ait un compte. Vous ne pouvez pas réviser un compte quand ce compte n'existe pas. Eh bien, je soutiens, quant à moi, que la lettre de voiture n'est pas un compte : elle n'est pas plus un compte que la lettre de change, que le billet à ordre, que le paiement d'une fourniture. Mais, messieurs, s'il en était autrement, il n'y aurait pas de courtes prescriptions ; il n'y en aurait pas une qui ne fût à double échelon ! Vous auriez d'abord les courtes prescriptions fixées par les articles 2271 et suivants du Code civil, prescriptions de six mois, prescriptions d'un an, prescriptions de cinq ans. Ces prescriptions s'appliquent presque toujours à des actions nées de fournitures ou de louage de services : ce sont les prescriptions des marchands, des hôteliers, des traiteurs, des médecins, des maîtres de pension, des domestiques, etc.

Eh bien, est-ce que vous direz que chaque fois que vous aurez réglé l'une de ces créances, que vous aurez acquitté une de ces dettes, vous aurez ensuite trente ans pour réviser le compte ?

M. Bozérian. — Oui !

M. Clément. — Non, certainement non !

C'est si vrai, messieurs, que, dans le code de commerce de même que dans le code civil, lorsqu'on parle de ces prescriptions on établit la différence entre la prescription et le compte arrêté.

Par exemple, l'article 2274 porte :

« La prescription, dans les cas ci-dessus, a lieu quoiqu'il y ait eu continuation de fournitures, livraison, services et travaux. »

Et on lit ensuite :

« Elle ne cesse de courir que lorsqu'il y a eu compte arrêté, cédule ou obligation, ou citation en justice non périmée. »

Ainsi, vous le voyez bien, messieurs, il y a deux choses absolument distinctes : le règlement de la fourniture sans compte arrêté et le compte arrêté lui-même.

Sans doute, lorsque les opérations de transports ou autres ont duré un certain temps, lorsqu'elles ont donné lieu à un compte, on peut, on doit appliquer l'article 541 du code de procédure civile ; mais lorsqu'il s'agit d'un transport unique ou d'une suite de transports, qui ne se relient pas entre eux et qui n'ont pas donné lieu à un compte, dans ce cas-là, l'article 541 ne peut pas être appliqué. Et, tenez, je vais citer un exemple qui me paraît tout à fait topique. Le conseil d'État a été appelé à se prononcer, en 1866, sur une réclamation du ministre de la guerre qui se trouvait, pour les transports de la guerre, en compte avec l'agent général des transports des compagnies de chemins de fer.

Il y avait, je crois, quatre années de transports à régler, et on n'avait pas déduit, du prix de chacune des opérations, la retenue pour retard que, d'après les conventions, le ministère était en droit d'exiger. Eh bien ! qu'est-ce que le conseil d'État a décidé ? Il a décidé, quoiqu'il y eut bien réellement un compte dans cette affaire, que l'article 541 du code de procédure civile n'était pas applicable, par ce motif que la retenue pour retard, dans chaque opération de transport qui avait donné lieu à une liquidation partielle, ne pouvait pas rentrer dans les termes de cet article. La décision que je viens d'analyser a été rendue à la date du 4 août 1866.

M. Bozérian. — Je la connais bien ; mais elle porte sur une tout autre question que celle que nous discutons.

M. Léon Clément. — Formulez votre objection, si vous le désirez, mon cher collègue; j'y répondrai immédiatement.

M. Bozérian. — Je m'expliquerai tout à l'heure.

M. Léon Clément. — Soit ! Je vous disais que le conseil d'Etat dans cette affaire, avait établi très justement la distinction que j'ai moi-même indiquée : quand il y a un compte en matière de transport, et que, dans ce compte, on trouve un double emploi, une erreur ou une omission, il faut la réparer ; mais alors le demandeur en révision cite les articles du compte qui, suivant lui, forment le double emploi dont il se plaint.

Mais lorsque, au contraire, il y a une série de transports, lorsque chacun d'eux a été l'objet d'un règlement particulier la prétendue omission d'une retenue pour cause de retards dans un certain nombre d'expéditions, ne peut pas, d'après l'arrêt du conseil d'Etat, donner lieu à une révision ; ce n'est pas le cas d'appliquer l'article 541 du code de procédure civile. En effet, un contrat de transport pris isolément n'est pas et ne peut pas être un compte.

Il ne faut pas croire, en effet, que toutes les fois que vous avez à faire un calcul pour déterminer un prix vous êtes en matière de comptes. Ainsi, prenez si vous le voulez, la matière de la vente : Quand il s'agit de vente, l'acheteur peut réclamer une diminution de prix, si la mesure indiquée n'est pas la mesure réelle ; le vendeur peut aussi demander, dans un certain cas, un supplément de prix si la mesure se trouve plus grande que celle qui a été mentionnée au contrat.

Eh bien, dans ce cas, est-ce l'article 541 qu'on applique? Pas le moins du monde ; il y a une prescription particulière et très courte, car elle est d'une année.

Ainsi, le législateur a bien fait cette distinction qui est naturelle, qui est légitime, qui s'oppose à ce que le procès s'éternisent. Il admet ce principe d'équité, ce principe de droit que je suis loin de contester, à savoir que toutes les fois qu'il y a une erreur de calcul on peut la redresser, que toutes les fois qu'on a payé ce qu'on ne devait pas, on peut le répéter. Mais cela n'empêche pas que les prescriptions particulières font obstacle à ces rectifications. Ce n'est pas là le cas de l'article 541 du code de procédure civile.

L'action est l'objet d'une courte prescription, et elle ne laisse pas au demandeur trente ans pour réclamer. Donc, messieurs, mettons chaque chose à sa place.

L'article 541 ne peut être, ne doit être appliqué que si le commissionnaire de transport et le destinataire n'ont pas réglé chaque expédition, à mesure qu'elle arrivait, que s'il y a eu une suite de transports qui ont duré un certain temps, qui ont donné lieu à un compte d'ensemble, et que si dans l'établissement de ce compte on peut signaler des articles qui contiendraient des doubles emplois, des omissions ou des faux.

C'est en ce sens, messieurs, que la cour de cassation vous dit : Lorsque vous demandez, en vertu de l'article 541, la rectification, la révision d'un compte, il faut apporter le détail de ce compte.

Or, ce détail, vous ne pouvez pas l'apporter, lorsqu'il y a un transport unique. Votre rédaction a, en effet, l'inconvénient de déclarer implicitement que, même quand il y a un transport unique, on doit appliquer la révision de l'article 541 du code de procédure.

Pourtant il n'y a pas là de compte, il n'y a qu'une lettre de voiture.

D'après le code de commerce, chaque transport donne lieu à une lettre de voiture qui indique le prix, et il n'y a pas plus de compte dans la lettre de voiture qu'il n'y en a dans un billet à ordre, dans une lettre de change, dans une vente, dans une obligation.

Ah ! il peut y avoir, j'en conviens, une erreur matérielle de calcul prévue par l'article 2053 du code civil.

Dans ce cas, il est conforme aux principes que cette erreur puisse être redressée ; mais encore une fois ce n'est pas la rectification pour les différentes causes énumérées dans l'article 541 du code de procédure. Ce n'est pas cette révision qui permet pendant trente ans de remettre en discussion une opération qui a été définitivement réglée et arrêtée.

Je ne veux pas prolonger ces observations, je me résume.

Est-on préoccupé du sentiment d'équité qui paraît dominer dans la commission ? Je ne vois guère que l'erreur matérielle de calcul qui puisse la préoccuper ; or, elle peut toujours être redressée dans toute opération d'après les principes du droit civil. Mais l'article 541 du code de procédure civile ne peut être invoqué que lorsqu'il y a un compte. S'il n'y a pas de compte, on ne peut pas l'appliquer,

Si, par une confusion fâcheuse, vous déclariez que vous assimilez le contrat de transport, la lettre de voiture, à un compte, alors il n'y aurait plus de courte prescription dans notre nouvel article 108. Vous n'auriez plus la prescription d'un an dont vous parlez dans le paragraphe 1er, vous n'auriez plus celle de cinq ans de votre paragraphe 2. On pourrait toujours dire qu'il y a eu une erreur, un double emploi, une omission ; alors on recommencerait, on soulèverait de nouvelles contradictions quand tout serait réglé.

Ainsi, lorsque le commissionnaire du transport n'aura pas réclamé, est-ce que l'action ne doit pas être prescrite après cinq ans? Évidemment oui. Et cependant il y a une omission, elle est même totale. De même, lorsque je n'ai pas réclamé les intérêts ou les fermages de cinq ans qui me sont dus, il y a bien une omission, et cependant est-ce que la prescription ne court pas contre moi? Assurément; la prescription a, en effet, pour but de libérer les débiteurs toutes les fois que la loi l'établit à leur profit.

Le contrat de transport n'est pas autre chose qu'un louage de services. Ce n'est pas un compte pouvant donner lieu à la revision prévue dans l'article 541 du Code de procédure civile. Cette revision serait, du reste, inutile, contraire à ce que vous voulez faire dans le projet même soumis à vos délibérations. Elle créerait une prescription indéfinie là où vous avez voulu établir une prescription de très courte durée.

Je demande donc au Sénat de vouloir bien rejeter le paragraphe en discussion.

M. *Bozérian*. — Je demande la parole.

M. *le Président*. — La parole est à M. Bozérian.

M. *Bozérian*. — Messieurs, notre honorable collègue a fait devant le Sénat un véritable cours de droit. Je ne m'en plains pas le moins du monde; seulement j'avoue que lorsque j'écoutais l'exposé de ce cours, je n'ai pu me défendre, à certains moments, de quelques gestes d'impatience, gestes que j'ai remarqués d'ailleurs chez un certain nombre de nos collègues qui connaissent aussi très bien les règles judiciaires. Et, en effet, que mon honorable collègue me permette de le lui dire, je crois que certaines opinions produites par lui à cette tribune sont singulièrement hasardées et absolument erronées.

La question de savoir si, pour que l'article 541 soit applicable, il faut une série d'articles constituant un compte, je ne sais pas si elle s'est plaidée longtemps, mais aujourd'hui elle ne se plaide plus. Je fais appel à tous les avocats et les magistrats qui me font l'honneur de m'écouter...

M. *Léon Clément* fait un geste de dénégation.

M. *Bozérian*. — Je vous demande pardon, mon cher collègue, vous avez produit votre théorie, je vous demande la permission d'exposer la mienne. J'ai pour moi, je le crois du moins, cet avantage que j'ai rencontré, comme je le disais tout à l'heure, l'adhésion d'un certain nombre de nos collègues à qui les matières juridiques sont familières.

A l'appui de cette affirmation, je vous citerai un exemple qui est même tout récent, car il date de deux jours. L'honorable M. Clément prétend que l'article 541 du code de procédure civile ne peut être appliqué que lorsqu'il y a un compte, c'est-à-dire une série d'articles de comptabilité par doit et avoir tels que les comptes de tutelle ou tout autre compte que vous pourrez imaginer, mais qu'au contraire, lorsqu'il s'agit d'une série de factures, pour appeler les choses par leur nom, il n'y a pas un compte dans le sens de l'article 541 du Code de procédure civile et que, par conséquent, l'article est inapplicable.

M. *Léon Clément*. — Je n'ai pas dit cela.

M. *Bozérian*. — Je vous demande pardon; j'ai, alors, mal compris, et j'en suis très heureux...

M. *Léon Clément*. — Je n'ai pas dit qu'une série de factures ne pouvait pas faire un compte.

M. *Bozérian*. — Voilà déjà une concession.

M. *Léon Clément* fait un geste de dénégation.

M. *Bozérian*. — Permettez! Je m'empare de cette concession, parce qu'il faudra que nous allions jusqu'au bout.

M. *Léon Clément*. — Mais non!

M. *Bozérian*. — Comment! non? Eh bien, moi, je dis: oui!

Je dis qu'il n'est pas nécessaire, pour l'application de l'art. 541 du Code de procédure civile, qu'il y ait un compte dans l'ordinaire acception du mot, qu'une succession de factures, qu'une facture unique, peuvent constituer un compte dans le sens de l'article et donner ouverture au redressement que celui-ci prévoit.

Je disais que je pouvais vous citer, à l'appui de ma thèse, un fait tout récent. Permettez-moi de faire appel à un souvenir professionnel.

Il y a deux jours seulement, un procès s'est engagé devant la cour de Paris entre l'administration des chemins de fer de l'Etat et la société Paul Dupont.

Il s'agissait d'une série de fournitures.

M. *Léon Clément*. — Oui, d'une série!

M. *Bozérian*. — Vous m'interrompez toujours, mon cher collègue, en me disant: Il s'agit là d'une série de factures. Eh bien, je soutiens que quand même il n'y aurait eu qu'un compte unique, ma thèse serait la même. Vous ne voulez pas d'un compte; mais quand il en aura deux, pourra-t-on appliquer l'article? A quel chiffre faut-il, d'après vous, que se monte le nombre des comptes? Je prétends, quant à moi, qu'il suffit d'un seul. Mais je reviens à l'exemple que je vous citais tout à l'heure.

Il s'agissait, dans l'espèce, d'une série de factures présentées par la maison Paul Dupont à l'administration des chemins de fer de l'Etat et qui avaient été soldées successivement. L'administration des chemins de fer de l'Etat demandait la revision de ces comptes et prétendait qu'étant une administration de l'Etat on ne pouvait lui appliquer les règles du droit commercial. On lui répondit en l'assignant devant le tribunal de commerce et devant la cour, qui décida que du moment que l'on est allé devant le tribunal de commerce on doit appliquer les règles du droit commercial. La raison est bonne ou mauvaise, elle peut être discutée : mais c'est ce qui a été décidé. Or, dans les usages du commerce, chaque facture — je voudrais avoir l'arrêt sous la main pour en lire les termes au Sénat — chaque facture constitue un compte à l'égard duquel les dispositions de l'article 541 du code de procédure civile sont applicables.

Et, à ce point de vue, je le répète, on pensait que la loi avait été si bien appliquée, que ce n'était pas là-dessus que le recours devant la Cour d'appel était porté. Voilà quelle est l'interprétation qui a été donnée par la Cour de Paris, conformément à des précédents constants : autant de factures, autant de comptes, et autant de fois la possibilité d'appliquer l'article 541 du code de procédure. Je ne crois pas m'aventurer en disant que telle est la jurisprudence courante, et que vouloir soutenir le contraire, c'est se prononcer en faveur d'une thèse un peu aventurée.

Mais dit mon honorable collègue, j'ai trouvé dans mes recherches — et nous savons qu'il les fait admirablement — un arrêt du Conseil d'Etat de 1866, qui démolit absolument votre thèse.

Je lui réponds que je connaissais bien cet arrêt : il en était question précisément dans l'affaire qui s'agitait devant la Cour de Paris. Était-ce la question d'application de l'article 541 dans ses termes ordinaires ? Non. Nous ne sommes pas déchus le moins du monde, disait l'Etat, en ce qui concerne la possibilité de procéder à une revision des factures, parce que la liquidation définitive, qui ne peut émaner que du ministre ou de son mandataire, n'est pas intervenue.

Par conséquent, tous les règlements partiels qui ont pu intervenir entre les agents de l'administration et les fournisseurs n'obligent pas l'administration tant que la liquidation définitive n'est pas intervenue.

C'est une toute autre question qu'il s'agit de résoudre en ce moment. Par conséquent, laissant de côté cette excursion sur le terrain administratif et revenant aux termes de l'article 541 du Code de procédure civile, je maintiens et j'affirme que, toutes les fois qu'il y a factures, quel qu'en soit le nombre, n'y en eût-il qu'une seule, il y a un compte dans le sens de l'article 541 du Code de procédure civile et, par conséquent, possibilité — dans les cas prévus par cet article, bien entendu, — d'appliquer les règles ordinaires du droit.

Mais, dit on, vous allez vous mettre en contradiction avec vous-même, car vous avez restreint à un délai de cinq ans la durée des actions pour surtaxe ou détaxe ; or, avec l'article 541, vous allez élever le délai à trente années. Je réponds : Pas le moins du monde ; vous jouez, ou plutôt nous ne nous entendons pas sur le mot « erreur ». Vous voulez soutenir que l'erreur, dans le sens de l'article 541, est une erreur sur la surtaxe et sur la taxe, mais cela est absolument contraire à tous les précédents...

M. le rapporteur. — C'est évident !

M. Bozérian. —... et je rencontre ici encore l'adhésion de tous ceux qui connaissent le droit : l'erreur, dans le sens de l'article 541, c'est l'erreur dans l'addition, c'est l'erreur de chiffre ; voilà ce qui a été constamment exposé par la doctrine et appliqué par la jurisprudence. Mais les erreurs dont vous parliez tout à l'heure sur la taxe, soit qu'il y ait taxe en trop, soit qu'il y ait taxe insuffisante, ne sont pas du tout les erreurs matérielles de calcul dont parle l'article 541 du code de procédure. Par conséquent, au point de vue des erreurs matérielles dont parle cet article, il reste toujours un délai de trente ans ; au point de vue des erreurs spéciales consistant en méconnaissance des règles du tarif, ou contraire, le délai est de cinq ans. C'est là l'application de l'article que vous avez voté dans la séance d'hier.

Voilà une distinction qui est élémentaire, et, je le répète, on ne peut pas sérieusement soutenir le contraire.

Maintenant, j'arrive à la conclusion.

Si chaque chose a sa part ainsi faite, l'erreur de tarif n'étant pas notre erreur dans le sens de l'article 541, si nous arrivons aux erreurs de calcul, aux omissions, aux faux ou doubles emplois, je vous le demande, pourquoi voulez-vous déroger aux règles du droit commun ? Y a-t-il une bonne raison ? Pourquoi faire la situation du transporteur, du voiturier plus favorable que celle de tous les individus qui présentent des comptes, des factures ?

Pour des raisons qui datent de la confection du Code civil et du Code de procédure on a accordé pour la révision de ces sortes d'erreurs un délai de trente ans ; pourquoi voulez-vous changer cela aujourd'hui ?

Je n'aperçois pas de bons motifs pour le faire : en conséquence, je vous demande instamment, messieurs, de vouloir bien maintenir le texte qui a été adopté par la commission.

M. Delsol. — Si c'est l'application du droit commun, l'article est inutile.

M. Bozérian. — Je serais absolument de votre avis, mon cher collègue, si la discussion qui s'est engagée ici n'avait pas eu lieu ; mais vous avez entendu notre honorable contradicteur...

M. Delsol. — Le juge ne lit pas les discussions, il ne lit même pas l'exposé des motifs il ne lit que le texte !

M. le rapporteur. — Permettez ! il cherche à s'éclairer !

M. Bozérian. — Vous vous trouvez ici en présence de deux thèses parfaitement distinctes. Il faut voir les choses comme elles sont. Vous avez entendu se produire deux opinions parfaitement tranchées : l'une qui consiste à dire qu'il faut appliquer les règles du droit commun ; l'autre, qui vous dit au contraire ce que soutenait le Gouvernement : Il faut appliquer, même en matière d'erreur de calcul, des règles spéciales.

M. Léon Clément. — Mais non !

Je demande la parole.

M. Bozérian. — Permettez ! je ne prétends pas que ce soit votre opinion ; je ne vous la prête pas : je dis que certains de nos collègues, et le Gouvernement dans son projet, en voulaient faire une loi spéciale pour l'hypothèse que nous abordons.

En présence de cette divergence d'opinion manifestée d'abord dans l'exposé des motifs du Gouvernement et ensuite dans les discussions qui se sont engagées devant le Sénat, je dis qu'il importe de trancher la question.

M. Paris. — Vous ne tranchez rien !

M. Bozérian. — Je ne tranche rien ?

M. Paris. — Non !

M. Bozérian. — Allons, mettons que nous n'avons rien tranché ! Si vous pouviez retrancher tout, cela vaudrait mieux ; mais je crois que quand vous l'aurez fait, la question ne sera pas tranchée.

Oh ! il y aura à faire pour les avocats, c'est incontestable, parce que, avec le rapport, l'exposé des motifs et les discussions, vous comprenez tout le parti qu'il sera possible d'en tirer ; mais enfin ce n'est pas pour les avocats que nous travaillons, c'est pour faire une loi aussi bonne, aussi juste que possible. La question est soulevée, vous la résoudrez dans un sens ou dans un autre ; mais je vous supplie de la trancher, pour éviter les difficultés à venir.

M. Paris. — Vous ne tranchez rien !

M. Bozérian. — Eh bien, retranchons !

M. Léon Clément. — Messieurs, je ne veux pas rentrer dans la discussion ; je veux seulement répondre un mot aux dernières considérations qui vous ont été présentées.

Je ne suis pas de l'avis de M. Bozérian ; je crois que l'article 541 ne s'applique que lorsqu'il y a compte.

Maintenant je n'ai pas la prétention de définir ici ce que c'est qu'un compte : je l'essayerai vainement : il est probable que je n'y arriverais pas. Mais c'est l'office du juge de définir le cas où il y a compte. Je me borne à affirmer une chose, c'est qu'en lui-même un transport, un transport isolé, une lettre de voiture, une lettre de change, un billet à ordre, ne constituent pas un compte et que l'article 541 n'est pas applicable au payement fait à la suite de ces contrats.

Je me borne à dire cela : cela me suffit pour combattre une disposition qui déclare implicitement, mais nécessairement, que lorsqu'on aura présenté une lettre de voiture, que lorsqu'on aura réglé cette lettre de voiture, tous les éléments en pourront être discutés pendant trente ans, soit par les destinataires, soit par les commissionnaires de transports ; ce que vous avez voulu, ce que nous voulons tous, c'est éteindre les procès, en donnant à tous les droits légitimes, le temps suffisant pour se produire ; nous ne voulons pas perpétuer indéfiniment contre toute espèce de raison, des contestations que jusqu'à présent on n'a pas connues.

L'honorable M. Bozérian m'accusait de demander une dérogation au droit commun ! Pas le moins du monde ; je demande au contraire que nous restions dans le droit commun ; c'est vous qui demandez une dérogation au droit commun.

Est-ce que l'article 108 actuel du Code de commerce contient ce renvoi à l'article 541 ?

M. Lenoël. — Le délai est le même aujourd'hui, trente ans dans les deux cas.

M. Léon Clément. — Il n'est pas le même pour les actions en cas de perte ou d'avaries qui sont prévues dans l'article 108 actuel.

Reportez-vous à une matière qui a bien de l'analogie avec celle que nous discutons, à la matière des transports maritimes.

Est-ce que chacun de ces transports maritimes est assujetti aux règles de l'article 541 ? Non ! Eh bien, je ne vous demande qu'une chose : c'est d'appliquer la même règle. Admettez que je me sois trompé dans l'exposé de certains principes. J'en suis d'accord, si vous voulez, avec l'honorable M. Bozérian. Je me suis trompé, soit ; mais ce qui est certain, c'est que l'article 108 actuel et l'article 435 du Code de commerce, en matière de transports maritimes, ne disent pas ce que vous dites aujourd'hui ! Ils s'en sont rapportés au droit commun.

Vous, vous créez un droit nouveau, vous ouvrez une action nouvelle. Je ne sais pas quelles en seront les conséquences. Je crois que les juges limiteront cette action nouvelle, si le Sénat l'admet, de manière à lui faire produire le moins d'effet possible ; mais enfin c'est une nouveauté, une dérogation aux règles admises jusqu'ici, et, à mon tour, je vous demande de rester dans les principes du droit commun en repoussant ce paragraphe inutilement introduit dans la loi.

M. Le Guen. — Messieurs, nous sommes en désaccord sur la portée de l'article 541 du Code de procédure.

Je ne voudrais pas reprendre la discussion à laquelle j'ai eu l'honneur de me livrer hier ; je me borne à rappeler à mon honorable contradicteur M. Clément qu'il est unanimement reconnu que, bien que cet article soit compris dans le titre qui parle de la

— 84 —

reddition de comptes, il sort des limites de ce cadre et a un caractère infiniment plus général que celui qui semblerait résulter de la place qui lui a été assignée dans le Code de procédure civile. Il édicte un principe général d'équité, une règle absolue, applicable à tout ce qui peut être qualifié compte, et non pas seulement aux séries d'opérations dont le règlement donne lieu à la procédure en reddition de comptes, lorsque les parties ne peuvent pas se mettre d'accord.

Dans ce sens étendu donné au mot « compte », le règlement de créance résultant d'une facture, d'une lettre de voiture, peut rentrer sous la qualification générale, donner lieu à l'application de ce principe de justice, que là où il y a erreur matérielle, il y a lieu à rectification. Pas plus que nous, notre honorable collègue ne voudrait consacrer une erreur matérielle glissée dans un compte, pas plus que nous il ne voudrait autoriser celui qui a reçu ce qui ne lui était pas dû à conserver cette somme qu'il a illégitimement entre les mains. Mais sur quel titre juridique, sur quel article de loi se basera la partie lésée pour obtenir qu'il soit procédé au redressement de ce règlement de compte? Je ne peux pas le qualifier autrement, puisque l'on a, à l'aide de calculs, déterminé la situation de créancier et de débiteur et fait ressortir la somme dont l'une des deux parties en présence est débitrice de l'autre.

Ce n'est pas l'article 2053 du Code civil qu'elle pourra invoquer: cet article est rigoureusement limité à la matière des transactions.

Il faut qu'elle recherche un principe plus général. Ce principe, elle le trouvera dans l'article 541, qui n'autorise pas à remettre en question les bases du contrat.... l'interprétation, les conditions d'exécution, les fautes commises par une des parties dans les relations que ce contrat a créées entre elles, mais qui fait que lorsqu'on produira un compte, c'est-à-dire les éléments du calcul à l'aide desquels on a constitué une partie débitrice d'une autre partie, et que dans ce compte on montrera une erreur de calcul, une omission, un faux, un double emploi, le redressement en pourra être demandé, et c'est uniquement dans le principe général posé par l'article 541 que l'on pourra puiser ce droit au redressement que l'équité impose si énergiquement que nul ne voudrait refuser l'exercice d'une action.

Voilà, messieurs, ce que j'avais à dire en ce qui concerne l'application de l'article 541.

Je ne veux pas insister davantage. Je désire seulement rappeler au Sénat qu'hier j'avais eu l'honneur d'appeler son attention d'une manière toute spéciale sur l'étrange façon dont on entend appliquer la prescription de cinq ans à la matière de redressement d'erreurs matérielles dans les comptes établis par suite de contrats de transport.

On veut que toutes les actions, même pour redressement d'erreurs dans le règlement d'un compte, soient prescrites par le délai de cinq ans ! Je ferai de nouveau remarquer qu'on donne comme point de départ à cette prescription quinquennale un fait absolument étranger au règlement de compte et qui se produira souvent à une autre époque que ce règlement. Ce point de départ, ce sera le jour de la livraison au destinataire de l'objet transporté, ou bien celui où la livraison aurait dû être effectuée et n'a pas eu lieu par suite de la perte totale. Ainsi le règle l'article 108 ; de telle sorte que si l'on applique ces dispositions que ce même point de départ soit donné à la prescription des actions en redressement d'erreurs de comptes et de toutes autres actions pouvant naître directement on s'expose à cette iniquité flagrante, souvent inévitable : faire courir la prescription avant même que le fait qui donne naissance à l'action soit accompli.

Ainsi, la prescription à court terme, qui apparaît comme une sorte de peine infligée à la personne négligente dans l'exercice de son droit, se trouve encourue parfois avant même que ce droit ait pris naissance. Ainsi encore, si, par suite de contestations judiciaires, il arrive que le règlement n'ait lieu qu'après même l'expiration du délai de cinq ans depuis le fait ou l'époque fixée pour unique point de départ de la prescription, vous direz à la partie lésée par des erreurs même de calcul : Vous avez été négligent pendant cinq ans, vous êtes forclos et ne pouvez plus en demander la rectification.

Cette partie lésée aurait le droit de vous répondre : J'ai été négligent ! Comment l'aurais-je été, si je n'étais pas né? ou, mieux : L'action que l'on me reproche de n'avoir pas exercée n'était pas née.

La prescription, dans une telle situation, ne peut pas courir contre elle. Si l'on rejetait la disposition additionnelle de la commission, le texte pourrait donner naissance à des prescriptions qui blesseraient en même temps la logique et les règles les plus certaines du droit et de l'équité.

M. Trarieux. — Je demande la parole.

M. le Président. — La parole est à M. Trarieux.

M. Trarieux. — Messieurs, je demande pardon au Sénat d'intervenir dans une discussion qui a déjà pris une pareille ampleur ; mais il me semble que nous tombons dans certaine confusion qui pourrait peut-être donner naissance, après le vote, à des difficultés et à des controverses. Notre honorable collègue M. Clément est d'accord avec M. le Ministre des travaux publics pour vous demander d'écarter du projet de loi ce paragraphe aux termes duquel il ne serait pas dérogé aux dispositions de l'article 541. Mais vous avez pu constater que les motifs pour lesquels l'honorable M. Clément et M. le Ministre sont d'accord pour vous demander ce rejet sont absolument différents.

D'un côté, M. Clément vous dit que vous devez écarter l'article 541, parce que cet article ne doit recevoir, en aucun cas, son application en pareille matière.

Et, d'un autre côté, M. le Ministre vous dit que vous devez écarter cette disposition, parce que, s'il n'y était pas dérogé, elle serait susceptible d'entraîner des conséquences qu'il ne veut pas accepter.

M. le Ministre vous fait observer en effet que, quant à lui, toutes les rectifications auxquelles un compte peut donner lieu doivent être gouvernées par la prescription de cinq ans qui résulte du précédent paragraphe que vous avez voté dans votre séance d'hier.

Eh bien, je crois, messieurs, que la question a été très bien posée par M. le Ministre; qu'elle a été très clairement et très nettement discutée entre lui et la commission, et que c'est sur le terrain où cette discussion s'est engagée que vous avez à la trancher.

Quel est donc l'objet de cette discussion ? Tandis que l'honorable M. Demôle et l'honorable M. Bozérian veulent que vous assujettissiez à une prescription de trente ans les rectifications de comptes qui ont pour cause des omissions, des erreurs matérielles ou de doubles emplois, M. le Ministre, lui, désire que ces sortes de rectifications, comme toutes les autres, soient gouvernées par la prescription quinquennale.

C'est dans ces termes qu'il faut que vous tranchiez la question.

M. Paris. — D'une manière formelle !

M. Trarieux. — C'est ce qu'a demandé M. le Ministre ; c'est ce qui est dans la pensée de la commission. L'intérêt du débat est là ; vous avez à donner sans ambages votre opinion. Vous direz cinq ou trente ans ; mais, au moins, après la décision que vous aurez prise, on saura à quoi s'en tenir.

Vous aurez ainsi mis les intéressés à l'abri de controverses, de difficultés et de procès qui ne manqueraient pas de résulter de la confusion et de l'équivoque dans lesquelles l'état actuel du débat nous a placés.

Quant à moi, je prends parti, — permettez moi de retenir encore quelques minutes votre attention, — je prends formellement parti pour l'opinion qu'a exposée si clairement et si nettement à la tribune l'honorable ministre des travaux publics. Je crois que vous devez réduire à la prescription quinquennale toutes les réclamations tendant à la rectification des comptes naissant de l'exécution du contrat de transport, quelles que puissent être les causes de cette rectification, procédât elle même d'une erreur matérielle, de double emplois ou d'omissions.

Mais ici je rencontre des objections que je vous demande la permission de combattre. L'honorable M. Le Guen s'en est fait plus particulièrement l'organe. M. Le Guen vous a dit que si vous écartiez de la matière des transports l'article 541 du Code de procédure civile, vous rompriez l'harmonie même de notre législation ; il nous a, en effet, porté le défi de citer un exemple d'un compte quelconque où l'article 541 ne pourrait pas permettre, en toute hypothèse, la rectification de ces erreurs matérielles qu'il serait choquant de laisser subsister le jour où on vient à les constater.

La demande en rectification de ces sortes d'erreurs ne peut jamais, nous dit-il, se prescrire que par trente ans. Voilà bien l'objection.

Mais l'honorable M. Le Guen me permettra de lui répondre, tout d'abord, que son défi est peut-être un peu bien téméraire. Je ne prendrai pas d'autre exemple que celui-là même qu'il nous donnait dans sa discussion au cours de la séance d'hier, pour le lui démontrer. Il vous citait le compte de tutelle et vous disait que, bien qu'il existe des dispositions spéciales au Code civil, notamment l'article 475, aux termes duquel les actions du mineur contre le tuteur se prescrivent par dix ans ; cependant, le mineur a toujours trente ans pour la rectification des erreurs matérielles, telles qu'omissions ou doubles emplois, qui peuvent entacher le compte qui lui a été rendu.

J'en demande pardon à l'honorable M. Le Guen. Il est vrai que MM. Chauveau et Carré dont il invoquait l'autorité, professent cette doctrine ; mais la question a été soumise aux tribunaux, et, quant à moi, je ne connais que deux arrêts, un de la Cour de Poitiers, un autre de la Cour de Toulouse, qui précisément arrivent à une solution inverse.

M. Paris. — Il y a un arrêt de la Cour de cassation qui a tranché la question dans le sens de l'opinion de MM. Chauveau et Carré.

M. Trarieux. — Mon attention n'a pas été appelée sur cet arrêt. Mais voici, dans tous les cas, ce que dit l'arrêt de la Cour de Poitiers dont je cite l'appréciation sans avoir à me prononcer moi-même. Il s'agissait de la rectification d'un compte de tutelle pour cause d'omissions ou doubles emplois.

Et voici ce que la cour de Poitiers disait dans le court extrait que je fais passer sous vos yeux :

« Attendu que, d'après l'article 475 du Code civil, toute action du mineur contre son tuteur, relativement aux faits de tutelle, se prescrit par dix années à partir de la majorité ; que cet article doit être appliqué aux demandes relatives aux omissions que l'on aurait commises dans un compte de tutelle, comme à l'action en compte de tutelle elle-même... »

Voilà bien, je pense, un exemple à opposer à l'objection de M. Le Guen.

M. le Rapporteur. — L'orateur cite un extrait d'un arrêt de la Cour de Poitiers. Cet arrêt n'est pas riche en motifs.

M. Trarieux. — La question n'est pas de savoir si l'arrêt est riche en motifs ; mais assurément, l'avis de la Cour de Poitiers a bien la valeur de l'opinion de MM. Chauveau et Carré. Et, du reste, je vous le demande, messieurs, avons-nous donc à nous préoccuper de ces exemples, et avons-nous à consulter d'autre autorité que la nôtre? Ne sommes-nous pas le pouvoir législatif? Ne nous appartient-il pas de trancher la question, je ne dirai pas « à notre guise », mais suivant les nécessités de la matière et les intérêts du but que nous poursuivons? Incontestablement.

C'est à ce point de vue que je vous demande surtout de vous placer pour apprécier la valeur de la solution que soutient l'honorable ministre des travaux publics en se faisant simplement l'organe des intérêts en jeu. Je crois, avec lui, que la prescription quinquennale qu'il réclame est justifiée par les raisons qu'il a données. Je ne veux en ajouter qu'une seule. Voilà un contrat de transport qui s'exécute. Deux erreurs possibles auront pu entraîner pour le destinataire de la marchandise, pour l'intéressé, une perte; ou ce sera une fausse application du tarif, ou ce sera une erreur d'addition.

Comment! vous vous arrêterez à cinq ans pour la réclamation qui sera la plus difficile à justifier, celle qui procédera d'une recherche laborieuse des tarifs applicables, et vous maintiendrez trente ans pour la simple rectification de l'erreur matérielle qui aura dû frapper les yeux de l'intéressé au moment même où le compte lui aura été remis! Cela ne me semble pas logique, et quand l'honorable M. Bozérian disait tout à l'heure : Vous ne donnez aucune démonstration en faveur de l'intérêt que vous entendez poursuivre, je crois que la démonstration de cet intérêt résulte suffisamment de ce rapprochement au point de vue du bon sens.

J'ajoute : De quoi s'agit-il ici? Il s'agit d'une matière dans laquelle, depuis l'origine — entendez-vous bien? — depuis le jour où le ministre des travaux publics a nommé une commission extraparlementaire, tout le monde a compris la nécessité d'abréger les délais.

La Cour de cassation elle-même (on ne l'a pas dit encore, je le crois du moins, mais il est bon de le rappeler) a émis cette opinion et elle a demandé qu'on abrégeât les délais particulièrement en portant notre attention sur l'article 511 du code de procédure civile.

C'est, en effet, une matière dans laquelle il est évident qu'il faut que les intérêts soient définitivement et rapidement fixés.

Je dirai, en terminant, qu'il y a même un intérêt en jeu pour l'État.

Les compagnies de chemins de fer doivent compte de leurs recettes à l'État, vous le savez bien.

Or, ces compagnies ont une caisse secrète dans laquelle entrent chaque année les excédents de recette qu'elles ont faits et qui proviennent des erreurs qu'elles ont pu commettre dans les applications de tarif.

Elles ne rendent pas compte de cette caisse, que vous me permettrez d'appeler « une caisse noire ». Elles n'en rendent pas compte, parce qu'elles font justement observer qu'elles sont exposées à des réclamations et qu'il s'agit là de réserves qui ne sont pas absolument disponibles. Or, vous voudriez qu'elles pussent se dire exposées à ces réclamations pendant trente ans, et que, pendant ce long laps de temps, elles échappassent au contrôle et aux vérifications que le Gouvernement a le droit d'exercer sur l'ensemble de leurs recettes? Il y a certainement là le principe d'un abus que vous ne voudrez pas tolérer.

Dans ces conditions, messieurs, je crois que la demande que vous fait l'honorable ministre des travaux publics est parfaitement justifiée, et j'estime que vous devez, en écartant de la loi le paragraphe spécial sur lequel, depuis si longtemps, votre attention est retenue, que vous devez, dis-je, attacher à son rejet le sens et la portée formels que je viens d'y attacher.

Vous devez dire, avec M. le ministre, qu'il n'y aura plus qu'une prescription de cinq ans commune à toutes les réclamations qui peuvent se produire, et qu'après ce délai toutes les demandes de rectification de comptes, quelle qu'en puisse être la cause, et reposassent-elles sur de simples erreurs matérielles, des omissions ou des doubles emplois, ne peuvent plus se produire.

M. Munier. — Il n'y a qu'à remplacer la négative par l'affirmative, et au lieu de dire : « Il n'est pas dérogé aux dispositions de l'article 511 du Code de procédure civile, » mettre : « Il est dérogé aux dispositions de l'article 511 du Code de procédure civile ».

M. le Président. — Personne ne demande plus la parole?...

Avant de consulter le Sénat sur le quatrième paragraphe, je vais d'abord mettre aux voix le troisième paragraphe dont je donne lecture :

« Le délai de ces prescriptions est compté, dans le cas de perte totale, du jour où la remise de la marchandise aurait dû être effectuée, et dans tous les autres cas, du jour où la marchandise aura été remise ou offerte au destinataire. »

M. Paris. — Je demande la parole.

M. le Président. — La parole est à M. Paris.

M. Paris. — Je ne dirai qu'un mot, messieurs, pour clore une discussion qui a dû paraître à beaucoup d'entre vous très délicate et peut-être un peu confuse.

La proposition faite en ce moment par l'honorable M. Munier me parait avoir un avantage, c'est de poser nettement la question. On ne peut résoudre des difficultés par voie négative comme vous le propose la commission. Quand vous aurez dit : Il n'est pas dérogé à l'article 511 du Code de procédure, toutes les causes de contestations qui vous ont été signalées subsisteront.

Vous avez entendu les motifs proposés par le Gouvernement et par l'honorable M. Trarieux. Ils tendent à une dérogation formelle à l'article 541. Ils ont trouvé une formule précise dans le texte dont M. Munier a improvisé la rédaction. Le Sénat est à même de se prononcer en connaissance de cause ; qu'il accepte — sauf rédaction définitive de l'article — l'amendement de M. Munier, ou qu'il le rejette, la source des procès qu'aurait fait naître le projet de la commission sera tarie.

M. *le Président.* — La question se pose d'une manière très claire ; je dois seulement faire remarquer au Sénat que les observations qui viennent d'être échangées se référent au paragraphe 4 et non au paragraphe 3 dont je viens de donner lecture.

Je mets aux voix le paragraphe 3.

(Le paragraphe 3 est adopté.)

M. *le Président.* — Nous arrivons au paragraphe 4. La commission propose la rédaction suivante :

« Il n'est pas dérogé à l'article 541 du Code de procédure civile. »

M. Munier propose d'y substituer celle-ci :

« Il est dérogé à l'article 541 du Code de procédure civile. »

Par conséquent, les partisans de la rédaction de la commission voteront en faveur de la prescription de trente ans pour toutes erreurs, omissions ou doubles emplois.

M. Munier et ceux de ses collègues qui ont pris la parole proposent au contraire de soumettre toutes réclamations quelle que soit leur nature, à la prescription quinquennale.

M. *Delsol.* — Cette rédaction n'est pas très claire.

M. *Munier.* — Mais si !

Le paragraphe 2 dit que « toutes les autres actions sont prescrites dans le délai de cinq ans ».

Si donc vous dites : « Il est dérogé », vous restez avec le paragraphe 1er.

M. *le Président.* — Je mets aux voix l'amendement de M. Munier.

Cet amendement est adopté.

La commission ou du moins les auteurs de l'amendement proposent, je crois, une rédaction plus législative que celle qui a été improvisée.

La parole est à M. Munier.

M. *Munier.* — Voici comment nous modifierons l'article dont il vient d'être donné lecture :

« Toutes les autres actions auxquelles ce contrat peut donner lieu, tant contre le voiturier ou le commissionnaire que contre l'expéditeur ou le destinataire, aussi bien que celles qui naissent des dispositions de l'article 541 du Code de procédure civile, sont prescrites dans le délai de cinq ans. »

M. *le Président.* — M. Munier propose une modification de rédaction résultant du vote qui vient d'être émis par le Sénat.

Quel est l'avis de la commission ?

M. *le Rapporteur.* — La commission adhère à cette rédaction.

M. *le Président.* — Le deuxième paragraphe serait alors rédigé dans les termes suivants :

« Toutes les autres actions auxquelles ce contrat peut donner lieu, tant contre le voiturier ou le commissionnaire que contre l'expéditeur ou le destinataire, aussi bien que celles qui naissent des dispositions de l'article 541 du Code de procédure civile, sont prescrites dans le délai de cinq ans. »

Je mets aux voix cette nouvelle rédaction.

(La rédaction est adoptée.)

M. *le Président.* — Nous passons au paragraphe 5 :

« Le délai pour intenter chaque action récursoire est d'un mois. Cette prescription ne court que du jour de l'exercice de l'action contre le garanti. »

(Le paragraphe 5, mis aux voix, est adopté).

M. *le Président.* — « Paragraphe 6. — Dans le cas de transports faits pour le compte de l'Etat ; la prescription ne commence à courir que du jour de la notification de la décision ministérielle emportant liquidation ou ordonnancement définitif.

« Toutes stipulations contraires aux dispositions de l'article 105 et du présent article sont nulles et sans effet. »

M. *Munier.* — Il me semble que le mot « définitif » devrait être mis au pluriel. En effet, la commission a voulu prémunir l'Etat aussi bien contre la liquidation provisoire que contre l'ordonnancement provisoire.

M. *le Président.* — Quelle est l'opinion de la commission.

M. *le Rapporteur.* — M. Munier vient de la donner.

M. *le Président.* — Je mets aux voix le paragraphe 6, avec la modification que vient de proposer M. Munier.

(Le paragraphe 6, ainsi modifié est adopté.)

M. *le Président.* — Nous arrivons au dernier paragraphe :

« Toutes dispositions contraires aux dispositions de l'article 105 et du présent article sont nulles et sans effet. »

M. *George.* — Je demande la parole.

M. *le Président.* — La parole est à M. George.

M. *George.* — Messieurs, j'ai déjà eu l'honneur de faire observer au Sénat, à la dernière séance, que le paragraphe ainsi rédigé était très dangereux. En effet, il se trouve, dans les art. 105 et 108 qui sont votés ou qui sont soumis, en ce moment, aux délibérations du Sénat, des dispositions qui sont en contradiction absolue avec diverses dispositions de ce que j'appelle le code de commerce européen, c'est-à-dire le code de commerce qui régit tous les transports internationaux et, par conséquent, une partie extrêmement importante de nos transports.

Je comprends très bien, le but qu'a poursuivi la commission. Ce but le voici. C'est que les grandes compagnies vont essayer d'éluder les prescriptions de cette loi par le moyen habituel.

On offre une réduction de prix sur les tarifs, à la condition que l'expéditeur accepte telle ou telle disposition qui est autre que les dispositions de la loi. C'est là en effet, un inconvénient partiel.

Mais il ne faut pas oublier que les articles 105 et 108 ne s'appliquent pas simplement : à des transports par chemins de fer ; ils s'appliquent à tous les transports possibles.

Et pour écraser cette mouche que nous connaissons bien et que nous poursuivons au comité consultatif avec le plus grand soin, il faut bien prendre garde, messieurs, de ne pas prendre un pavé de telle dimension que vous écrasiez la mouche et toute autre chose avec.

Eh bien, je dis que cette disposition dépasse de beaucoup les nécessités de la situation et les prévisions de la commission. Je dis que si elle était votée telle qu'elle est proposée, elle mettrait la France en dehors du concert européen pour les transports internationaux. Nous avons fait les plus grands efforts pour empêcher qu'en Europe il ne se formât un « Verein », une union de tous les chemins de fer en dehors de la France, et par conséquent, contre la France.

Nous y sommes arrivés. Il y a un projet considérable qui est accepté par toutes les nations. Pour Dieu, ne venez pas, dans notre législation intérieure, dès à présent, sans l'avoir discutée, accepter une clause pareille qui le rendrait impossible et qui, encore une fois, pourrait avoir, au point de vue de notre pays les conséquences les plus désastreuses.

M. Loubet, ministre des travaux publics. — Je demande la parole.

M. le Président. — La parole est à M. le Ministre des travaux publics.

M. le Ministre. — Messieurs, la commission a bien voulu accepter l'insertion du paragraphe final qui avait été adopté par la Chambre des députés, et que le Sénat avait voté sur ma demande, en 1re délibération.

Je viens appuyer les conclusions de la commission et vous demander de maintenir ce dernier paragraphe.

L'honorable M. George exprime la crainte qu'une disposition semblable ne porte obstacle à l'adoption de ce traité international de transports qui a été élaboré par la conférence de Berne. Je crois que M. George s'exagère singulièrement la portée de la disposition dont il s'agit. Les législations des divers pays qui ont pris part à la conférence internationale de Berne contiennent des dispositions variant, soit sur les cas de responsabilité, soit sur les délais impartis pour la mise en action des responsabilités.

Est-ce à dire que si la législation de ces pays, de l'Espagne ou de l'Italie, par exemple, vient à être modifiée et diffère de la législation internationale préparée, est-ce à dire que cette législation internationale ne verra jamais le jour ? Évidemment non, messieurs.

Lorsque le résultat du travail du congrès sera soumis aux divers pays qui doivent le ratifier pour qu'il devienne exécutoire, ces États pourront le mettre en harmonie avec leurs législations respectives. C'est alors seulement que cette préoccupation s'imposera et que des concessions réciproques pourront être faites pour arriver à une entente commune.

Je répète — et je ne veux pas abuser de la patience du Sénat — que la nécessité de la disposition pénale est apparue à la Chambre comme elle m'est apparue à moi-même et comme elle est apparue à votre commission.

En présence des efforts qui peuvent être tentés pour éluder les dispositions de la loi dont le Sénat vient de voter les principales dispositions, je rappelle que toutes ces clauses peuvent être tournées, bien que — comme le rappelait en 1re délibération l'honorable M. Demôle — en ce qui concerne les compagnies de chemins de fer il existe un contrôle qui repose d'abord sur le comité consultatif et ensuite sur l'autorité du ministre qui homologue les tarifs.

Il n'y a pas d'ailleurs que les compagnies de chemins de fer qui s'occupent de transports : il y a des industries privées, et notamment la navigation, dont l'importance devient chaque jour plus considérable. Il y a enfin toute la série des personnes qui, à tous les degrés de l'échelle des transporteurs, s'occupent de ce genre de contrat, et il faut prévoir que par des dispositions insérées dans des lettres de voiture elles chercheront à éluder les prescriptions des articles 105 et 108.

C'est là ce qu'il faut éviter.

Je rappelle, de plus, une analogie que j'ai signalée lors de la 1re délibération. Vous savez ce qui se passe souvent dans les contrats d'assurance pour les clauses multiples de déchéance, notamment les clauses de compétence qui échappent, d'ordinaire, à ceux qui souscrivent une police d'assurance à une compagnie. Les assurés sont généralement frappés de déception vives et nombreuses chaque fois qu'ils ont un sinistre à faire régler ; car bien que les parties aient signé des contrats dont elles n'ont pas pu peser toute l'importance, la cour suprême décide que ces parties sont liées pour toutes les clauses manuscrites aussi bien qu'imprimées de la police d'assurance.

Eh bien, messieurs, en ce qui concerne la loi en préparation il existe un danger semblable, un danger contre lequel il faut se prémunir.

Ce sont là, messieurs, les motifs qui ont déterminé votre commission à adopter ce paragraphe final de l'article 105. Le Sénat a approuvé une première fois cette rédaction ; je le prie de persévérer dans son vote.

M. George. — Je demande la parole.

M. le Président. — La parole est à M. George.

M. George. — Messieurs, s'il s'agissait d'une loi régissant seulement les transports intérieurs, je ne contredirais pas l'opinion qui est émise par M. le ministre, bien que cependant il y aurait beaucoup de réserves à faire ; mais je ne veux pas entrer dans une discussion qui nous entraînerait beaucoup trop loin.

Si votre rédaction ne vise que les transports intérieurs, encore une fois je comprends très bien qu'on l'accepte. Mais telle qu'elle est, je soutiens qu'elle est extrêmement dangereuse.

Voici, messieurs, ce qui se passe. Vous avez — car on vise surtout les transports par chemins de fer — vous avez des transports qui s'opèrent à l'intérieur ; ceux-là tomberaient sous le coup de l'article. Mais vous avez aussi des transports qui s'opèrent à l'extérieur, avec les nations voisines. Lorsque la convention qui a été arrêtée entre toutes les nations de l'Europe, à Berne, aura été ratifiée, ces transports s'opéreront avec une lettre de voiture internationale. Alors les dispositions du Code de commerce international seront seules applicables.

M. Bozérian. — Il n'est pas encore voté !

M. George. — Je vais répondre à cela. Ces dispositions sont en contradiction, sur un grand nombre de points, avec les dispositions que vous avez insérées dans les nouveaux articles 105 et 108 du Code de commerce.

Maintenant, on me dit : « Elles ne sont pas encore votées ! » Soit ! mais, en attendant, quel est l'état de choses actuel ? La très grande majorité, la presque totalité de ces transports s'opère en vertu des tarifs internationaux. Or, si vous voulez ouvrir le Livret-Chaix, dont M. Bozérian vous faisait à la dernière séance, une si effrayante description, si vous voulez jeter les yeux sur ce gros livre qui se trouve à la bibliothèque et qui n'est pas aussi difficile à lire qu'on a bien voulu le dire..., vous verrez que tous les tarifs internationaux qui y sont inscrits sont des tarifs de conventions entre la compagnie P.-L.-M. et telle ou telle compagnie italienne ou telle ou telle compagnie suisse ; entre la compagnie de l'Est ou la compagnie du Nord, avec les compagnies belges, les compagnies allemandes, etc., et que dans ces tarifs qui sont le résultat d'une entente entre les deux compagnies, ce n'est pas les compagnies françaises qui dictent les conditions : elles acceptent les conditions des compagnies voisines, de même que sur certains points les compagnies voisines acceptent les conditions des compagnies françaises, c'est le résultat d'une négociation.

Eh bien, les dispositions de ces tarifs internationaux sont, pour la plupart, en contradiction absolue avec les dispositions de notre législation intérieure.

Est-ce que vous voulez défendre à nos compagnies de s'entendre avec les compagnies voisines pour faire des tarifs internationaux ? Mais alors, il vaudrait mieux dire à nos industriels : Vous n'exporterez plus, vous ne recevrez plus de matières premières de l'étranger, et vous ne leur enverrez plus vos produits fabriqués. C'est une muraille de Chine que vous élevez autour de la France, et ce n'est pas là évidemment ce que vous voulez.

Vous voulez laisser à la France sa liberté d'expansion et de commerce extérieur, vous voulez lui laisser la liberté d'échanger le mieux et le plus activement possible ses produits avec l'étranger.

Alors, que signifie cette prescription que vous voulez introduire : « Toutes stipulations contraires aux dispositions de l'article 108 et du présent article sont nulles et sans effet » ?

Si elles sont nulles et de nul effet, il n'y a plus de tarif international possible : il n'y a de possible ni les tarifs internationaux sous le régime desquels nous vivons, ni le tarif international arrêté, après de longues discussions, après deux conférences qui ont duré près d'un mois chacune, entre les principales nations de l'Europe continentale.

Vous vous mettez hors de la loi générale et hors de la pratique des choses. Ce n'est pas là ce que vous avez voulu dire : donc, ne le dites pas et spécifiez que votre rédaction ne s'applique qu'aux tarifs intérieurs.

Il y aurait une discussion sérieuse à engager sur ce point : je ne veux pas m'y livrer. Je me contente de vous dire : Prenez une rédaction qui ne lèse pas les intérêts de la France, ses intérêts les plus considérables au point de vue de l'industrie et du commerce extérieur.

M. Delsol. — Pour vous donner satisfaction, mon cher collègue, il suffirait d'ajouter à la rédaction de la commission ces mots : « Sauf en matière de transports internationaux ».

M. George. — On pourrait dire encore « pour les transports intérieurs ».

M. le Président. — Mais, messieurs, permettez moi de vous faire observer qu'il n'est pas question ici de tarifs internationaux. Ces tarifs doivent être soumis à l'approbation du ministre. Il faut qu'il les approuve et qu'il leur donne l'*exequatur*. Il s'agit des actions pouvant résulter de contrats de transports.

M. *George*. — Pardon.

Je demande la parole.

M. *le Président*. — La parole est à M. George.

M. *George*. — Il n'y a pas d'*exequatur* à donner aux tarifs internationaux; c'est là une erreur. Ces tarifs, comme bien d'autres, restent à la disposition absolue des compagnies. Il y a évidemment un autre texte à faire, c'est incontestable.

Pour moi, le texte que je proposerais immédiatement serait celui-ci : « En ce qui concerne les tarifs intérieurs ».

Mais comme il est possible qu'une rédaction improvisée à la tribune puisse être regrettée le lendemain, je me borne à vous dire ceci : Votre rédaction est dangereuse ; je vous en signale les dangers, et dans ces conditions j'en demande le renvoi à la commission.

M. *le Président*. — M. George demande le renvoi du paragraphe à la commission.

Je mets aux voix cette proposition.

(Le Sénat, consulté, prononce le renvoi.)

M. *le Président*. — Je donne lecture de l'article 2 :

« Art. 2. — Dans les cas prévus par la présente loi, les prescriptions commencées au moment de la promulgation seront acquises par cinq ans à dater de cette promulgation, si, d'après la loi antérieure il reste un temps plus long à courir. »

(L'article 2, mis aux voix, est adopté.)

M. *le Président*. — « Art. 3. — La présente loi est applicable aux colonies de la Martinique, de la Guadeloupe et de la Réunion. » — (Adopté.)

M. *Demôle, rapporteur*. — Messieurs, dans sa dernière séance, le Sénat, après avoir entendu les observations de l'honorable M. George, a renvoyé à l'examen de sa commission le dernier alinéa de l'article 1er du projet de loi portant modification des articles 105 et 108 du code de commerce.

Ce dernier alinéa était ainsi conçu :

« Toutes stipulations contraires aux dispositions de l'article 105 et du présent article sont nulles et de nul effet. »

L'honorable M. George a fait observer qu'il fallait, au moins, affranchir de cette nullité les conditions introduites dans les contrats de transports internationaux.

Il a expliqué au Sénat qu'il pouvait être peu pratique, et même dangereux, de soumettre nos compagnies françaises, à peine de nullité, à des conditions dont elles ne pouvaient pas demander l'exécution de la part des compagnies étrangères avec lesquelles la nécessité des transports internationaux les mettrait en relations.

Nous avons entendu l'honorable M. George dans la commission ; M. le ministre des travaux publics est venu également, et nous avons été unanimement d'accord pour vous proposer une disposition qui affranchirait les transports internationaux de la prohibition portée dans ce dernier alinéa de l'article 1er.

Je suppose que cette situation est assez claire et assez nette pour que le Sénat n'ait pas besoin, sur ce point, de plus longues observations. Seulement, messieurs, il s'est présenté une question d'ordre que nous avons cru devoir trancher, d'accord d'ailleurs avec M. le ministre des travaux publics.

L'alinéa qui nous avait été renvoyé figurait dans la rédaction à la fin de l'article 1er, et il était, par conséquent, applicable tout à la fois au nouvel article 105, et au nouvel article 108. On a fait observer, dans la commission, que l'article 108 ne pouvait absolument rien avoir à faire en cette matière.

En effet, l'article 108 est exclusivement relatif aux prescriptions. Il édicte une prescription d'un an pour toute action contre le voiturier pour avarie, perte ou retard. Pour toutes les autres actions découlant du contrat de transport, il édicte une prescription de cinq ans. Il règle encore la durée des actions récursoires et enfin il fixe une prescription particulière pour les transports dans lesquels l'État est intéressé ; et comme toutes les actions relatives au délai de la prescription sont gouvernées d'une façon générale et supérieure par la règle posée dans l'article 2220 du Code civil, aux termes duquel nul ne peut renoncer d'avance à la prescription, il est bien clair que la clause prohibitive qui terminait l'ancien article 1er ne peut, en aucune façon, avoir une utilité quelconque au point de vue de l'article 108. C'est donc uniquement au point de vue de l'article 105 que la stipulation peut produire son effet.

C'est pourquoi la commission, à l'unanimité, m'a chargé de vous proposer de reporter à la suite de l'article 105 la clause qui avait été renvoyée à son examen. Elle cesserait de figurer à la suite de l'article 108 et serait reportée à l'article 105, qui est ainsi conçu :

« La réception des objets transportés et le payement du prix de la voiture éteignent toute action contre le voiturier pour avarie ou perte partielle si, dans les trois jours non compris les jours fériés qui suivent celui de cette réception et de ce payement, le destinataire n'a pas notifié au voiturier par acte extrajudiciaire ou par lettre recommandée sa protestation motivée. »

C'est à la suite de ce nouvel article 105 que se placerait la nouvelle rédaction du dernier alinéa, conçue dans les termes suivants :

« Toutes stipulations contraires sont nulles et de nul effet. Cette disposition n'est pas applicable aux transports internationaux. »

Nous croyons avoir donné satisfaction, par cette rédaction, tout à la fois au bon ordre de la loi et aux réclamations que l'honorable M. George vous avait soumises et que le Sénat avait renvoyées à l'examen de la commission.

M. le Président. — Personne ne demande la parole sur la nouvelle proposition de la commission ?...

Avant de consulter le Sénat sur cette nouvelle proposition, je dois mettre aux voix l'ensemble de l'article 108.

(L'ensemble de l'article 108, mis aux voix, est adopté.)

M. le Président. — La commission propose d'ajouter à l'article 105 une disposition conçue en ces termes :

« Toutes stipulations contraires sont nulles et de nul effet. Cette disposition n'est pas applicable aux transports internationaux. »

Je mets aux voix la nouvelle rédaction de la commission.

(La rédaction est adoptée.)

M. le Président. — Je consulte le Sénat sur l'ensemble de l'article 105 ainsi complété.

(L'ensemble de l'article 105 est adopté).

M. le Président. — Je dois mettre aux voix, messieurs, l'entête de l'article 7 :

« Les articles 105 et 108 du Code de commerce sont remplacés par les articles suivants... » — (Adopté.)

(L'ensemble du projet de loi, mis aux voix, est adopté. *Voir le texte,* p. 95).

Renvoyé à la Chambre des députés, le texte voté par le Sénat fut examiné par la commission qui en avait été primitivement saisie et au nom de laquelle M. Gaillard présenta le rapport suivant.

8ᵉ Rapport de M. Gaillard, député

(Chambre des députés. — Annexe 2.577. — 24 mars 1888.)

Messieurs, dans la séance du 13 mars 1888 le Gouvernement a déposé sur le bureau de la Chambre, le projet de loi portant modification des articles 105 et 108 du Code de commerce, et la Chambre a décidé que ce projet serait renvoyé à la Commission qui avait eu à examiner les propositions primitives du Gouvernement.

Dans le cours des deux délibérations dont il a été l'objet au Sénat, ce projet a subi des modifications que nous devons d'abord faire connaître à la Chambre.

Art. 105. — Texte voté par la Chambre :

« La réception des objets transportés et le paiement du prix de la voiture, éteignent « toute action contre le voiturier pour avarie ou perte partielle, *si dans les deux jours* « *francs non compris les jours fériés qui suivent cette réception et ce paiement,* le « destinataire n'a pas notifié au voiturier par acte extra-judiciaire ou par lettre chargée, « sa protestation motivée. »

Le Sénat a remplacé le passage souligné par le texte suivant :

« Si dans les trois jours, non compris les jours fériés, qui suivent celui de cette réception ou de ce paiement. »

Le reste de l'article est conservé sans changement.

Nous pouvons constater immédiatement que le Sénat a voulu exactement ce que voulait la Chambre, que le texte qu'il propose, précisé par les déclarations apportées à la tribune par M. Demôle, n'a d'autre but que de dire plus clairement ce qui à notre avis, ressortait de toute évidence du texte que nous avions voté.

En effet, le rapporteur de votre commission s'exprimait ainsi sur l'interprétation à donner au délai indiqué dans notre texte (Rapport supplémentaire nᵒ 179 page 2) :

« Que si une marchandise était retirée de la gare le 15, le destinataire avait un délai de deux jours francs, le 16 et le 17, et sa protestation, pour être valable formulée le 18, devait être le dernier délai.

De son côté, l'honorable rapporteur du Sénat, M. Demôle, dans la séance du 6 février, disait, pour expliquer le sens du texte nouveau substitué par le Sénat à celui que nous avions adopté :

« C'est-à-dire que, si la réception avait eu lieu le 1ᵉʳ février, la protestation pouvait être signifiée le 4, les 2 et 3 étant, je le répète, les jours qui composaient le délai franc qui lui était accordé.

« Après réflexion, nous avons pensé que cette formule « dans les deux jours francs » pouvait entraîner quelque difficulté : que les tribunaux se demanderaient peut-être, au vu de cette rédaction, si le destinataire était fondé, ayant reçu les marchandises le 1ᵉʳ février, à signifier sa protestation le 4 : et, pour éviter toute difficulté sur ce point, pour trancher définitivement la question de manière à éviter toute contestation, nous vous proposons, par notre nouvelle rédaction, la formule que voici : »

Nous avons tenu à rapprocher ces deux citations. Elles démontrent que nous pouvons sans hésitation accepter le texte du Sénat. Le bénéfice de ce rapprochement sera, de plus, de préciser les intentions du législateur avec une netteté qui ne laissera subsister aucun doute chez les magistrats qui auront à interpréter la loi.

L'article 103 du Sénat comprend un second paragraphe, sur lequel nous nous expliquerons après avoir examiné le nouvel article 103.

Art. 103. — Ici les modifications sont plus profondes. La Chambre avait adopté un délai de prescription uniforme d'une année pour toutes les actions en matière de transport.

Le Sénat, au contraire, a fait une distinction motivée sur l'origine de ces actions. Le texte qu'il a voté est un moyen terme entre l'avis du Gouvernement et de la Commission d'un côté, qui demandaient, comme la Chambre, l'adoption du délai uniforme d'une année, et l'amendement de M. Bozérian, qui admettait aussi un délai uniforme, mais le portait à cinq ans.

Cette transaction a été ratifiée, par le Sénat, en seconde délibération.

Les actions pour pertes, avaries ou retard sont prescrites dans le délai d'un an.

Toutes les autres actions auxquelles le transport peut donner lieu, sont prescrites par cinq ans.

Le Sénat a paru craindre que l'interprétation, dans certaines circonstances, de l'article 541 du Code de procédure civile, ne conservât à certaines actions le bénéfice de la prescription trentenaire, et, ne se contentant pas du terme si général : « Toutes les autres actions... », il a tenu à ajouter une stipulation spéciale relative à cet article 541 du Code de procédure civile.

Sans nous attacher à faire remarquer qu'en première délibération le Sénat avait au contraire stipulé qu'il *ne serait pas dérogé aux dispositions de l'article 541 du code de procédure civile*, puisqu'entre les deux délibérations la Commission sénatoriale s'était divisée par moitié, nous constaterons qu'au cours de la seconde délibération le Sénat, par 172 voix contre 27, s'est rangé à l'opinion de la Chambre et du Gouvernement, et nous n'aurons aucune objection à opposer à l'admission de cette stipulation visant l'article 541, puisqu'en somme elle ne fait que fortifier le texte de la Chambre qui voulait une prescription uniforme à laquelle n'échapperait aucune des actions en matière de transport.

Le paragraphe suivant : Les délais de ces prescriptions, etc... reproduit avec de légères modifications de formes, les dispositions arrêtées par la Chambre. Nous pouvons l'adopter sans hésitation, ainsi que le paragraphe suivant relatif aux actions récursoires.

Le dernier paragraphe a trait aux transports faits pour le compte de l'Etat. La question est nouvelle. Elle n'avait été soulevée ni par le Gouvernement auteur du projet de loi, ni par la Chambre. Elle a été soumise à la Commission sénatoriale après le dépôt du rapport, et voici en quels termes l'honorable M. Demôle l'exposait au Sénat dans la séance du 6 février :

« Vous savez, messieurs, que l'Etat n'est pas, en fait, dans la situation des particuliers ; qu'il ne peut pas régler au jour le jour et immédiatement chacun des transports qui lui sont faits. Aussi, certains départements ministériels, tout au moins le département de la guerre et le département des finances, ont-ils avec les compagnies de chemins de fer des traités particuliers qui organisent une instruction assez longue pour arriver à la vérification des sommes que l'Etat peut devoir à ces compagnies. Il y a d'abord une première vérification qui ne porte que sur les chiffres et sur l'exactitude des calculs. Vient après cela le payement d'une certaine partie de la somme réclamée ; le surplus est soumis à une vérification minutieuse dans les bureaux ministériels. Quand il y a des objections à faire aux compagnies, on les leur signale et elles peuvent y répondre ; puis la question revient devant le ministre, qui statue définitivement par voie d'ordonnancement de la créance. Cette décision ministérielle est notifiée à la compagnie. Si elle l'accepte, tout est dit ; si elle ne l'accepte pas, elle a le droit de recours devant le contentieux du Conseil d'Etat.

« Dans cette situation, il n'était pas possible de laisser les rapports de l'Etat avec les transporteurs dans la même situation que les rapports des transporteurs avec les particuliers.

« Et alors, pour laisser aux intéressés, c'est-à-dire à l'Etat et aux compagnies, le temps de vérifier leur situation respective, d'apprécier ce que l'Etat peut devoir, nous avons établi une prescription particulière que nous formulons dans les termes suivants :

« Dans le cas de transports faits pour le compte de l'Etat, la prescription ne commence à courir que du jour de la notification de la décision ministérielle emportant liquidation ou ordonnancement définitif. »

L'adoption de ce paragraphe ne peut soulever aucune difficulté.

Le projet voté par la Chambre des Députés comprenait un dernier paragraphe ainsi conçu :

« Toutes stipulations contraires aux dispositions de la présente loi sont nulles et de nul effet. »

La Chambre avait voulu par l'adoption de cette disposition interdire l'introduction dans les observations imprimées sur les lettres de voiture, récépissés, etc., de clauses auxquelles les particuliers ne pourraient guère se soustraire en présence du monopole constitué en fait aux chemins de fer, et qui du reste échapperaient le plus souvent à l'examen toujours rapide fait au moment d'une expédition.

Elle avait voulu que les délais fixés par la loi fussent obligatoires pour et contre tout le monde, et qu'il ne fût permis à personne de les allonger ou de les diminuer.

La Commission du Sénat avait désiré au contraire laisser toute liberté aux parties en ce qui concerne l'article 105. Elle affirmait de plus que l'article 2220 du Code civil interdisant de renoncer à l'avance à la prescription, la disposition finale en question lui paraissait absolument inutile au point de vue de l'article 105, et elle l'avait supprimée.

L'honorable M. Bozérian protesta en première délibération contre cette suppression. M. le Ministre des Travaux publics demanda avec insistance le rétablissement de ce paragraphe. Il montra qu'en matière de transports par chemins de fer, il ne fallait pas considérer le droit d'homologation attribué au Ministre comme une garantie suffisante. Cette garantie, le public ne peut la trouver que dans une disposition formelle de la loi frappant de nullité toutes les stipulations contraires.

Le paragraphe fut adopté en première délibération, mais pour être de nouveau mis en cause au cours de la deuxième délibération.

L'honorable M. George, qui a représenté la France au congrès de Berne, était préoccupé de ne point introduire dans notre législation une prescription rigoureuse qui lui paraissait de nature à interdire à la France les concessions et modifications qui s'imposeront naturellement à elle lorsque la convention conclue à Berne entrera dans la période d'application. Cette conférence a élaboré un projet d'union de tous les chemins de fer accepté en principe par toutes les nations. Il serait dangereux d'accepter aujourd'hui dans notre législation intérieure, une clause qui rendrait impossible l'accession à la France et qui pourrait avoir ainsi pour notre pays les conséquences les plus graves.

Le Sénat a donné satisfaction à M. George en ajoutant au paragraphe cette phrase : « Cette dernière disposition n'est pas applicable aux transports internationaux. »

Il a ainsi ménagé l'avenir, et nous estimons que cette modification peut être adoptée sans aucun inconvénient.

Mais en même temps qu'il complétait le paragraphe en question, conformément au désir de M. George, et d'accord avec M. le Ministre, le Sénat déplaçait ce paragraphe et le reportait à la fin de l'article 105.

Persistant dans l'opinion exprimée dans son rapport, la Commission insistait de nouveau sur cette considération que l'article 105 réglait des prescriptions, que l'article 2220 du Code civil ne permettait pas de renoncer à l'avance à la prescription, et que par conséquent le paragraphe contesté serait inutile et mal placé à la fin de l'article 105. Le Sénat adopta l'avis de la Commission.

Nous estimons que cette décision est fâcheuse. Pour qu'il fût sans danger de soustraire l'article 105 à l'action protectrice de cette clause qui déclare nulles toutes stipulations contraires, il faudrait qu'il fût démontré que l'article 2220 du Code civil a toujours suffi, que jamais l'un des contractants n'a imposé à l'autre la renonciation anticipée à des délais de prescription, et que jamais, du reste, les tribunaux n'ont sanctionné des prétentions si manifestement contraires à la loi.

Il n'en est malheureusement pas ainsi. Nous en pourrions citer des exemples. Nous ne voyons pas quels inconvénients pouvaient résulter de la présence à son ancienne place de ce paragraphe, couvrant ainsi l'ensemble de la loi contre toutes les entreprises contraires. Nous regrettons la décision prise au dernier moment par le Sénat. Mais nous pouvons heureusement relever dans la discussion du Sénat des déclarations précises de nature à en atténuer les effets. Le Sénat a nettement contesté la validité juridique de ces clauses introduites dans les tarifs, sur les lettres de voitures ; il résulte des déclarations faites à deux reprises par M. le rapporteur, que l'article 2220 du Code civil doit être appliqué de toute rigueur et qu'il suffit à empêcher toutes les clauses restrictives de prescription.

Il restera acquis par la discussion de notre loi au Sénat que le législateur a voulu formellement interdire ces dérogations, et que, s'il a transporté à l'article 105 ce paragraphe protecteur, c'est qu'il comptait sur l'application rigoureuse de l'article 2220 pour empêcher toutes violations de la loi. Nous tenons à nous associer à ces déclarations de principe dont l'influence, nous en sommes convaincu, sera favorable à la protection des intérêts du commerce français.

Nous nous bornons à cette déclaration, messieurs, car, malgré les divergences de vues que nous venons de vous exposer, malgré les modifications apportées au texte voté par la Chambre et dont quelques-unes sont regrettables, nous venons vous demander d'accepter sans modification le projet tel qu'il nous revient du Sénat.

Votre Commission estime que la suppression de la déchéance édictée par l'ancien article 105 est assurée par la rédaction nouvelle. Elle prie la Chambre de vouloir bien se reporter au rapport qu'elle a déposé le 21 octobre 1886, et de ne point perdre de vue que depuis près de dix ans cette réforme était demandée par les Chambres de commerce, par les tribunaux, par les syndicats, avec une *unanimité* et une *persistance* tout à fait remarquables.

Cet argument suffirait seul à nos yeux à justifier la proposition que nous venons soumettre à votre décision, d'accepter purement et simplement le projet qui nous revient du Sénat.

Si nous persistons à penser que notre délai uniforme d'un an était préférable, nous devons toutefois reconnaître que la modification apportée par le Sénat n'est pas tellement radicale que nous devions lui opposer une fin de non-recevoir absolue, et risquer pour tenter de faire triompher notre texte tous les inconvénients qui résulteraient d'un renvoi au Sénat.

Nous touchons au but tant désiré par le commerce et l'industrie française, but poursuivi pendant dix années. Nul ne peut prévoir les dangers que peut courir ce projet, dans ces voyages toujours si longs de la Chambre au Sénat. Souvenons nous que le rapport à la Chambre date d'octobre 1885, et n'oublions pas qu'en dépit de toutes les bonnes volontés c'est aujourd'hui seulement, c'est-à-dire 17 mois plus tard, que la question revient devant nous.

<table>
<tr><td>

Texte présenté par le Gouvernement
(Chambre des députés, 26 novembre 1885.)

Article unique. — Les articles 105 et 108 du Code de commerce sont remplacés par les dispositions suivantes :

Art. 105. — La réception des objets transportés et le payement du prix de la voiture éteignent toute action contre le voiturier pour avaries ou perte partielle, si dans les deux jours francs, non compris les jours fériés, qui suivent cette réception et ce payement, le destinataire n'a pas notifié au voiturier, par acte extrajudiciaire, ses protestations motivées.

Dans un même délai, et à défaut d'entente amiable dûment constatée, la vérification des objets transportés devra être faite par un expert désigné sur requête par le juge de paix.

Art. 108. — Les actions pour avaries, perte partielle ou retard, auxquelles peut donner lieu contre le voiturier le contrat de transport sont prescrites dans le délai d'un mois pour les expéditions faites dans l'intérieur de la France et dans celui de deux mois pour celles faites de l'étranger.

Toutes les autres actions auxquelles peut donner lieu le contrat de transport, tant contre le voiturier ou le commissionnaire que contre l'expéditeur ou le destinataire, sont prescrites dans le délai de trois mois pour les expéditions faites dans l'intérieur de la France et dans celui de six mois pour celles faites de l'étranger : pour le cas de perte totale, du jour où la remise de la marchandise aurait dû être effectué, et, pour tous les autres cas, du jour où les marchandises auront été remises ou offertes au destinataire, sans préjudice des cas de fraude ou d'infidélité.

La durée de la prescription des actions récursoires est d'un mois. Cette prescription ne court que du jour de l'exercice de l'action contre le garanti.

</td><td>

Texte proposé par la commission de la Chambre des Députés
(Chambre des députés, 21 octobre 1886.)

Article unique. — Les articles 105 et 108 du Code de commerce sont remplacés par les articles suivants :

Art. 105. — La réception des objets transportés et le payement du prix de la voiture éteignent toute action *intentée* contre le voiturier pour avarie ou perte partielle, si dans les deux jours francs, non compris les jours fériés, qui suivent cette réception et ce payement, le destinataire n'a pas notifié au voiturier par acte extrajudiciaire *ou par lettre recommandée* sa protestation motivée.

Art. 108. — *Toutes les actions auxquelles peut donner lieu le contrat de transport sont prescrites dans le délai de six mois*, compté dans le cas de perte totale du jour où la remise de la marchandise aurait dû être effectuée, et dans tous les autres cas du jour où la marchandise aura été remise ou offerte au destinataire, sans préjudice du cas de fraude ou d'infidélité.

La durée des actions récursoires est d'un mois. Cette prescription ne court que du jour de l'exercice de l'action contre le garanti.

</td></tr>
</table>

Qui sait si nous ne serions pas surpris par la fin de la législature, si vous ne consentiez pas à suivre votre Commission et à rendre définitif par votre vote le projet que nous vous demandons aujourd'hui d'adopter tel qu'il est revenu du Sénat ? (*Voir ce texte ci-dessous.*)

9° Adoption par la Chambre des députés.

(Texte définitif.)

Dans sa séance du 29 mars 1888, la Chambre des députés a adopté le texte précédemment voté par le Sénat, qui devient le texte définitif.

<table>
<tr><td valign="top">

Texte voté par la Chambre des députés.

(1er juillet 1887.)

Article unique. — Les articles 105 et 108 du Code de commerce sont remplacés par les articles suivants :

Art. 105. — La réception des objets transportés et le payement du prix de la voiture éteignent toute action intentée (1) contre le voiturier pour avarie ou perte partielle, si dans les deux jours francs, non compris les jours fériés qui suivent cette réception et ce payement, le destinataire n'a pas notifié au voiturier, par acte extrajudiciaire ou par lettre recommandée, sa protestation motivée.

Art. 108. — Toutes les actions auxquelles peut donner lieu le contrat de transport sont prescrites dans le délai d'un an, compté dans le cas de perte totale du jour où la remise de la marchandise aurait dû être effectuée, et dans tous les autres cas du jour où la marchandise aura été remise ou offerte au destinataire, sans préjudice des cas de fraude ou d'infidélité.

Dans les cas prévus par la présente loi, les prescriptions commencées au moment de la promulgation seront acquises par un an à dater de cette promulgation, si, d'après la loi antérieure, il reste un temps plus long à courir.

La durée des actions récursoires est d'un mois. Cette prescription ne court que du jour de l'exercice de l'action contre le garanti.

Toutes stipulations contraires aux dispositions de la présente loi sont nulles et de nul effet.

</td><td valign="top">

Texte définitif.

(Adopté par le Sénat le 20 février 1888 et par la Chambre des députés le 29 mars 1888.)

Article 1er. — Les articles 105 et 108 du Code de commerce sont remplacés par les articles suivants :

Art. 105. — La réception des objets transportés et le payement du prix de la voiture éteignent toute action contre le voiturier pour avarie ou perte partielle, si dans les trois jours, non compris les jours fériés, qui suivent cette réception et ce payement, le destinataire n'a pas notifié au voiturier par acte extrajudiciaire ou par lettre recommandée sa protestation motivée.

Toutes stipulations contraires sont nulles et de nul effet. Cette disposition n'est pas applicable aux transports internationaux.

Art. 108. — *Les actions pour avaries, pertes ou retard, auxquelles peut donner lieu contre le voiturier le contrat de transport sont prescrites dans le délai d'un an, sans préjudice des cas de fraude ou d'infidélité.*

Toutes les autres actions auxquelles ce contrat peut donner lieu, tant contre le voiturier ou le commissionnaire que contre l'expéditeur ou le destinataire, aussi bien que celles qui naissent des dispositions de l'article 541 du Code de procédure civile, sont prescrites dans le délai de cinq ans.

Le délai de ces prescriptions est compté, dans le cas de perte totale, du jour où la remise de la marchandise aurait dû être effectuée, et, dans tous les autres cas, du jour où la marchandise aura été remise ou offerte au destinataire.

Le délai pour intenter chaque action récursoire est d'un mois. Cette prescription ne court que du jour de l'exercice de l'action contre le garant.

Dans le cas de transports faits pour le compte de l'État, la prescription ne commence à courir que du jour de la notification de la décision ministérielle emportant liquidation ou ordonnancements définitifs.

Art. 2. — Dans les cas prévus par la présente loi, les prescriptions commencées au moment de la promulgation seront acquises par cinq ans à dater de cette promulgation, si, d'après la loi antérieure, il reste un temps plus long à courir.

Art. 3. — La présente loi est applicable aux colonies de la Martinique, de la Guadeloupe et de la Réunion.

</td></tr>
</table>

(1) Le mot *intentée* a été supprimé du texte voté par la Chambre, par suite d'une rectification votée dans la séance du 24 novembre 1887, ainsi qu'il résulte d'une lettre de M. le garde des sceaux adressée à M. le président du Sénat.

LE
DROIT INDUSTRIEL

REVUE MENSUELLE ET INTERNATIONALE

DE

DOCTRINE, JURISPRUDENCE ET LÉGISLATION

PROPRIÉTÉ INDUSTRIELLE. — BREVETS D'INVENTION. — MARQUES DE FABRIQUE ET DE COMMERCE. — NOMS ET LIEUX DE FABRICATION. — MODÈLES ET DESSINS INDUSTRIELS. — CONTREFAÇON ET CONCURRENCE DELOYALE. — PROPRIÉTÉ ARTISTIQUE ET LITTÉRAIRE. — LOUAGE D'OUVRAGE ET D'INDUSTRIE. — ACCIDENTS. — DROITS ET RESPONSABILITÉ DES ARCHITECTES, INGÉNIEURS, ENTREPRENEURS ET INDUSTRIELS. — SOCIÉTÉS. — SYNDICATS. — ÉTABLISSEMENTS DANGEREUX, INCOMMODÉS ET INSALUBRES. — MARCHÉS DE TRAVAUX ET DE FOURNITURES. — CHEMINS DE FER. — INDUSTRIES. — MANUFACTURES. — MINES. — TRAVAUX PUBLICS.

RÉDIGÉE PAR

M. ÉMILE BERT

DOCTEUR EN DROIT
INGÉNIEUR DES ARTS ET MANUFACTURES
PROFESSEUR DE DROIT ET D'ÉCONOMIE POLITIQUE A L'ÉCOLE COMMERCIALE
(FONDÉE ET ADMINISTRÉE PAR LA CHAMBRE DE COMMERCE DE PARIS)
Avec la collaboration de plusieurs jurisconsultes et ingénieurs

ABONNEMENT ANNUEL : 16 FRANCS.
PRIX DE LA LIVRAISON : 2 FRANCS

PARIS

RÉDACTION ET ADMINISTRATION
57, Rue de Rivoli, 57
LIBRAIRES-EDITEURS

MM. CHEVALIER-MARESCQ & Cie   MM. BERNARD & Cie
20, RUE SOUFFLOT, 20   71, RUE LACONDAMINE